Rock mama

ISBN : 978-2-412-04641-8
Dépôt légal : juin 2019
Imprimé en République Tchèque

Photographies : Félix Barjou, Ben Dauchez, Aurélie Demarez, Émilie Zangarelli et photographies personnelles d'Ariane Brodier

Préparation : Fabienne Travers-Yiou
Création graphique : Lisa Magano
Mise en pages : Transparence
Correction et suivi éditorial : Ségolène Estrangin

Éditions First, un département d'Edi8
12, avenue d'Italie
75013 Paris France
Tél. : 01 44 16 09 00
E-mail : firstinfo@efirst.com
Site internet : www.editionsfirst.fr

Ariane Brodier
Illustré par Marion Gioanni

Rock mama

FIRST
ÉDITIONS

Être une femme, c'est pas pratique…

Je n'ai jamais été vraiment heureuse d'être une femme. Je trouvais que nous étions mal loties – moins fortes physiquement, des salaires plus bas, le fait d'être constamment jugées et jaugées sur notre physique, devoir subir la pression de l'âge et les désagréments menstruels qui nous empêchent 1 semaine par mois de mettre des pantalons blancs (tant mieux, j'aime pas ça). Bref, je n'ai jamais trouvé « pratique » d'être une femme.

À vrai dire, la seule chose qui me plaisait, c'était de savoir que je pouvais enfanter. Car oui, depuis toute petite, je suis fascinée par les enfants : déjà à 7 ans, je choisissais dans le catalogue de la Redoute (ma bible mode jusqu'à mes 12 ans… Oui, désolée, je suis née dans le 77 en 1979) les vêtements que je pourrais mettre à mon futur bébé. Mais à 7 ans, on ne s'imagine pas une seconde que fonder une famille est quelque chose de parfois fort compliqué.
En effet, malheureusement, je fais partie de ces femmes qui attendent le Prince charmant. Seulement, après plusieurs déboires sentimentaux, j'ai

dû me rendre à l'évidence : **il est plus facile de trouver le jean parfait que le mec parfait...**
À 35 ans, j'ai fini par me dire : *Bon bah puisque je ne trouve pas le bon papa, je vais faire un bébé toute seule.* Je préfère ça que d'avoir un enfant de quelqu'un que je n'aime pas profondément.
Action, réaction, me voilà donc à mon rendez-vous pour faire prélever mes ovocytes. Enfin, il y a quand même eu 6 mois d'attente entre le premier rendez-vous et le prélèvement. Six mois qui ont changé le cours de ma vie, puisque c'est à ce moment-là que j'ai rencontré celui qui a chamboulé tous mes projets...

Fulgence, mon évidence

Fulgence est l'ami de mon attachée de presse, ils étaient à l'école ensemble. Un jour, elle me dit : « Je connais un mec parfait pour toi. » **Je connais le coup du mec « parfait pour toi » : c'est souvent le vieux pote hyper relou encore amoureux de son ex qui me fait fuir au bout de 3 minutes de conversation...** Sauf que là, elle avait raison.
Je n'ai jamais aimé quelqu'un comme j'aime mon chéri. Il a été une évidence, à tel point qu'en 1 mois je lâchais tout pour le rejoindre dans le Sud...

Très rapidement, Fulgence a voulu un enfant. Il était sûr de son choix et je pense que mon âge lui faisait peur. On entend tellement qu'il faut faire des enfants avant 35 ans.
Je me souviens de mon ancienne gynécologue (elle m'a suivie pendant 4 ans) qui me demandait chaque année, alors que j'étais « confortablement » installée sur l'étrier, et qu'elle ne me regardait évidemment pas dans les yeux :

– Vous avez quel âge ?

– 28 ans.

– Il va falloir penser à faire des enfants.

Je restais à chaque fois sans voix... Ça voulait dire quoi ? Que j'avais le vagin fripé ? C'était quand même curieux de me balancer ça en pleine tête, ou plutôt en pleine... Bref.

L'année d'après, rebelote, toujours à ce moment de gêne intense de la consultation, la revoilà avec sa question sur mon âge et la phrase fatidique qui me glace le sang : « Il va falloir penser à faire des enfants. »
Pendant 4 ans, elle m'a fait cette remarque. À 32 ans, mon envie de faire un bébé grandissant et mon stress de ne jamais en avoir aussi, je lui réponds : « Ça fait 4 ans que vous me posez cette question. Je pense chaque jour à faire un enfant. Il m'arrive d'avoir la gorge nouée quand je vois une femme enceinte, mais pour faire un enfant, il faut un papa, or je suis toujours célibataire ; je l'étais déjà l'an dernier et encore l'année d'avant… Bref, je n'ai pas besoin de vos remarques pour savoir que je vieillis, mais l'amour ne se trouve pas comme ça. Alors pour votre prochaine patiente, avant de lui balancer ce genre de remarque, veuillez vérifier si elle veut un enfant et surtout si sa situation amoureuse le lui permet. » Je suis encore restée célibataire un bon bout de temps après ce rendez-vous, mais je ne suis jamais retournée voir cette gynécologue qui, en plus, me prenait 100 euros pour une consultation où elle ne me regardait jamais dans les yeux !

Ça n'arrive pas qu'aux autres

Au bout de 2 mois de vie commune avec Fulgence, j'ai arrêté la pilule et je suis tombée enceinte 2 mois après, sans rien avoir calculé.
Ma première grossesse a commencé en novembre et s'est terminée en janvier. Je savais que les fausses couches existaient, mais comme toutes ces choses dont on a entendu parler mais qu'on n'a jamais vécues, on pense que ça ne nous arrivera pas. Pourtant, quasiment toutes les femmes ont connu une fausse couche, mais allez expliquer ça à un homme aux anges à l'idée de devenir papa…
Je pense que Fulgence a été encore plus affecté que moi, alors, évidemment, la deuxième fausse couche a été vraiment destructrice pour nous, pour notre couple.
Rien ni aucune parole ne peut vous rassurer lorsque vous perdez un bébé. Car on en entend des « Il n'était pas viable, sûrement » (dans ma tête, ça voulait dire que je n'arriverais jamais à faire un bébé en bonne santé ?) ou des « Ça va, c'est le début, t'as pas eu le temps de t'attacher ». Pourtant, à la minute où tu vois le test de grossesse devenir positif, tu te projettes à la date de l'accouchement et tu te sens immédiatement enceinte, donc au bout d'une semaine de grossesse, de 3 mois ou de 6 mois, tu as le droit d'être malheureuse, non ? Même si, on est d'accord, plus le terme approche, plus c'est horrible de perdre son bébé…

J'ai eu le droit aussi aux « Ça va, tu tombes facilement enceinte, vous pouvez recommencer. » Ah oui, mais **je ne fais pas un concours de celle qui tombe le plus enceinte** ! Je veux être maman en fait, ça n'a rien à voir. Après avoir fait une batterie d'examens pour déterminer pourquoi la nidation ne se faisait pas, le verdict est tombé : « Il n'y a rien, vous n'avez juste pas de chance, ça va venir… »
Mince ! J'aurais peut-être préféré qu'on me trouve le pourquoi du comment. Et puis j'ai fini par me dire que, être enceinte, c'est magique ; créer un enfant, c'est juste fou ! Et les tours de magie ne fonctionnent pas toujours du premier coup. C'est ce qui m'a aidé à garder confiance.
Pourtant, je ne me sentais pas capable d'affronter une nouvelle fausse couche. Alors je suis allée voir un gynécologue spécialisé dans l'infertilité, le Dr Lalau. Après avoir parlé avec moi et m'avoir fait une échographie, il s'est montré rassurant : « Bon, tout va bien, **vous allez avoir un bébé cette année**. »
Le fait qu'il soit si sûr de lui m'a fait un bien fou.

Les fausses couches

Les fausses couches du premier trimestre sont extrêmement fréquentes : elles concernent 1 femme sur 4 et compliquent 10 à 20 % des grossesses. Il s'agit donc d'un événement relativement fréquent dans la vie d'une femme. Si toutefois les accidents se répètent (3 fausses couches), une étiologie (étude des causes d'une maladie) doit être recherchée afin d'informer et de proposer un éventuel traitement préventif. Cependant, les fausses couches répétitives peuvent aussi être la conséquence d'un hasard malchanceux ; dans presque 1 cas sur 2, on ne retrouve pas d'étiologie. Si la prise en charge des fausses couches est courante, il est important de ne pas la banaliser. Le soignant doit dégager le couple de toute culpabilité et l'informer sur les causes, la fréquence et les conséquences médicales et psychologiques de ces fausses couches. Un suivi psychologique peut être proposé. Les grossesses suivantes sont en effet souvent empreintes d'une grande anxiété, notamment durant les 3 premiers mois ; des consultations rapprochées permettent de rassurer et de soutenir le couple.

Grossesse sous haute protection

Je suis tombée enceinte au cycle suivant. Il est vrai que le Dr Lalau m'avait prescrit des piqûres de Lovenox (un anticoagulant), de l'aspirine 500 et des ovules de progestérone tous les jours pendant 3 mois, un traitement que l'on suit après une FIV pour favoriser la nidation.
Au bout de 3 mois, j'étais pleine de bleus à cause de mes piqûres, mais Bébé était toujours là.

Je n'ai pas pu être suivie durant ma grossesse par le Dr Lalau, car il exerce à Paris et que je vis à Montpellier, mais j'ai eu la chance de rencontrer le Dr Sina, une femme exceptionnelle qui a été plus que présente pour ma grossesse. J'avais tellement peur de perdre mon bébé que plus d'une fois, je me suis retrouvée dans son cabinet à lui demander de me faire une écho. Sans parler du nombre de messages que je lui ai envoyés en pleine nuit à cause d'un mauvais rêve que je venais de faire… Elle a aussi été celle qui m'a déculpabilisée pour le sport, car je me disais que je devais tout arrêter pour ne pas perdre ce bébé. Or elle m'a tranquillement dit : « La seule raison pour laquelle vous risquez de faire une fausse couche, c'est le stress. Vous avez l'habitude de faire du sport tous les jours : si vous arrêtez, vous allez être trop stressée, alors faites du sport ! Évidemment pas n'importe quoi, rien qui puisse favoriser les fausses couches, pas d'impacts, pas de relevés de buste, pas de poids à soulever… Mais si c'est bon pour vous, faites-le, car priver un sportif d'entraînement est très compliqué. Une grossesse qui se déroule normalement doit permettre de conserver une vie normale. Votre corps est l'habitat de votre bébé. Pour qu'il s'y sente bien, faites tout pour vous sentir bien ! »

Ces paroles ont changé ma grossesse : me sentir bien, voilà la clé ! Et pour tout vous dire, j'ai fait du sport jusqu'au jour de mon accouchement, où j'ai nagé 1 heure et enchaîné avec 1 heure d'elliptique (j'avoue, je voulais que mon fils sorte !). En revanche, j'ai soigneusement choisi mes activités : exit pour moi le running ou les cours de zumba, et welcome l'elliptique, la marche, le renforcement du corps, la natation et le yoga. Ce qui veut dire pas un abdo en 9 mois ! Mais mes abdos, je les ai retrouvés aujourd'hui ! Enfin, ça, c'était avant ! Vous comprendrez plus tard pourquoi je dis ça…

J'peux toucher ?

« Oh, tu es enceinte ? De combien ? C'est trop mignon ! » me dit-elle en me caressant le bidon comme si c'était un chaton. Tu crois quoi ? Que je vais me serrer contre toi en miaulant ? que j'aime bien ? ou bien que mon Bébé sent quelque chose ?
Je ne sais pas pourquoi tout à coup, quand on est enceinte, notre intimité devient accessible et notre corps, déjà en location pour Bébé, devient propriété publique. À quel autre moment vous viendrait-il à l'idée de toucher le ventre de quelqu'un ? À quel moment, qu'il soit rebondi ou tout en plaquette d'abdos, vous vous autoriseriez à palper la panse d'un pote ou d'une connaissance ? ! Parce que je vous assure que ce rapprochement soudain que procure la grossesse, personnellement, ce n'est pas du tout mon délire. **Et puis si on dit « Félicitations ! » en frottant le ventre de la maman, on ne palpe jamais les testicules du papa en**

lâchant un « Bravo mec, beau boulot ! » Et pourtant, ça reviendrait au même… C'est très gênant.

Je réserve le droit de toucher mon ventre à mon chéri pour qu'il communique avec Bébé et à mes amies les plus proches, quand Bébé danse le break et que je veux qu'elles partagent cette expérience magique.

Bon d'accord, j'avoue, j'ai déjà touché le bidon d'une copine enceinte, car entre nous, ce bombé gonflé donne quand même bien envie d'être tripoté, mais j'ai demandé avant. Aujourd'hui, je me rends compte que même lorsqu'on me demande, c'est très difficile de refuser cette caresse qui part d'un bon sentiment :

– Oh, tu es enceinte ? Je peux toucher ton ventre ?
– Non merci, touche plutôt ton…

Bref, c'est difficile de dire non. Alors souvent, soit je ne réponds pas (ça veut dire NON en fait), soit je produis une onomatopée type « brrrggrrr-mouiaif » (ça veut dire non aussi, mais je me sens obligée de laisser faire). C'est d'ailleurs sûrement pour cette raison que j'évite de porter des vêtements moulants qui mettent en avant la grossesse. Je n'ai aucune envie de souligner mon baby-bump et d'inciter ainsi les caresses intempestives… Pourtant, j'avoue que sur les autres femmes enceintes, je trouve jolie la robe moulante… Allez, j'en mettrai peut-être une quand je n'arriverai plus à rentrer dans mes jeans et qu'il faudra que j'investisse dans des vrais vêtements de grossesse. Mais pour l'heure, je garde mon bidon enfoui sous des vêtements amples pour le protéger des regards extérieurs. Car dans ce bidon se cache un trésor, notre trésor à mon chéri et moi : notre Bébé si désiré…

Enceinte, peut-on continuer à faire du sport ?

Oui… sauf en cas de contre-indication médicale. Il est même conseillé d'avoir une pratique physique régulière et adaptée qui vous permettra de garder la forme en attendant bébé.

Toc toc toc ?
C'est pour quoi ?!
C'est occupé
jusqu'à janvier !

Ma grossesse, mois par mois

Je pourrais parler pendant des heures et des heures de ma grossesse, c'est un moment tellement incroyable ! Je ne dis pas que j'ai aimé être enceinte ou que je n'ai pas aimé, je dis juste que c'est fou…

Toutes les grossesses sont différentes. Certaines femmes sont hyper épanouies du début à la fin, d'autres se détestent et le vivent très mal, mais une chose est sûre : attendre un bébé est une **parenthèse magique** dans la vie d'une femme. D'ailleurs, depuis, je suis contente d'être une femme pour avoir pu la vivre !

Voici un instantané de mes neuf mois de grossesse. Il devrait parler à toutes…

J'suis tellement heureuse...

Premier mois

Quand elle est désirée, apprendre sa grossesse est quelque chose de magique. D'ailleurs, je suis du style à faire plusieurs tests pour être bien sûre : au bout de 7, normalement, ça marche.

Mais quelle sensation incroyable ! C'est comme quand vous recevez un texto amoureux de votre compagnon, mais en mieux… et sans les émoticônes !

Après, les premiers mois sont souvent synonymes de nausées et d'une fatigue incroyable, tout ça sans que personne se doute de ce qu'il se trame en vous… **Pour résumer, vous êtes crevée, chiante, plus personne ne peut vous encadrer, mais vous êtes heureuse…** Enfin si, votre chéri vous supporte, même si vous l'énervez profondément, et d'ailleurs, tant que ce secret reste entre vous deux, la vie de couple est géniale. Vous êtes complices, votre chéri vérifie tout ce que vous mangez, il boit même votre verre d'alcool en cachette. Du coup, il est parfois bourré, donc plutôt content… et vous aussi ! Quelle bonne nouvelle quand même !

Être enceinte se résume à 3 mots : bonheur, joie et… gerboulade. Car le premier trimestre (cela perdure parfois), certaines d'entre nous passent leur vie penchées sur la cuvette des toilettes. Alors… pour celles qui n'ont pas connu cette joie… heu… ce symptôme, ça fait l'**effet d'être vaseuse comme après une bonne cuite… la bonne soirée en moins**. Car souvent, la veille, on s'est endormie à 20 heures, avant la fin de la météo. Du coup, on ne se sent pas bien au réveil et surtout, on ne sait pas comment s'habiller le lendemain !

Alors oui, c'est pénible, je vous l'accorde, mais les nausées de grossesse ne doivent pas vous alarmer, elles ne veulent pas dire que votre bébé va mal. Les vomissements de grossesse sont en partie héréditaires (merci Maman) et sont dus principalement aux hormones. On pourrait même penser que les nausées sont une ruse de la nature pour empêcher la future maman de consommer des aliments qui nuisent à la santé du bébé – avec en tête de liste l'alcool, la caféine et la nicotine (beurk, beurk, beurk, ne faites pas fumer votre bébé, les filles, c'est vraiment pas cool pour lui).

Pour ma part, je n'ai pas été malade pour ma première grossesse, même si je ne pouvais rien avaler le matin, excepté un jus de citron. Le soir, il m'arrivait souvent de vomir si je mangeais trop, comme si mon corps me disait : « Hey meuf, y a plus de place là, donc le saumon aux légumes, il dégage. »

Avez-vous remarqué que, savoir si vous êtes malade ou pas, c'est quand même la question incontournable des gens lorsqu'ils apprennent que vous êtes enceinte :

– Et tu as été malade ?

– Non.

– Ouf alors, ça va…

Oui ça va, même si c'est vrai que se taper 3 mois de nausées, c'est horrible, mais du coup, commencer sa grossesse avec 5 kg en moins sur la balance (efficaces, les nausées !), ça c'est cool ! J'ai une amie qui a ainsi perdu 6 kg en début de grossesse et qui n'en a pris que 4 ensuite. Je vous rassure, son bébé va très bien. Bon, OK, je l'appelle Vomito…

Allez les filles, on est enceintes, c'est juste magique ! Il faut toujours voir le côté positif. Alors, haut les cœurs et haut-le-cœur !

Deuxième mois

S'il y a bien un moment dans sa vie où on peut avoir du ventre sans complexe, c'est pendant la grossesse. C'est étrange d'ailleurs de se languir de voir apparaître son baby-bump et de l'exposer fièrement comme un trophée : « Chouf mon bidon, chouf… ti a vu comme il est gros ? » Sauf qu'avant d'être dodu, joliment arrondi et de représenter la vie, il est juste gonflé comme si on avait un peu forcé sur les apéros… Pire, ce sont les poignées d'amour qui sont apparues en premier chez moi. D'ailleurs, je me suis toujours demandé pourquoi on appelait ça des « poignées d'amour », car entre nous, je ne connais aucune fille qui les aime – sinon, on les exposerait au-dessus d'un jean taille basse ultra-moulant en laissant apparaître un string coloré. Ah ? Ça, c'est fait ? Bon…

Nan, c'est pas
à cause d'un litre
de bière, nan.

Ni d'un couscous.

Ni d'une pizza
4 fromages.

Après l'arrivée de cette délicate couche de gras sur les côtés, **mon bidon a commencé à poindre un peu après le troisième mois, effaçant derrière lui des années d'abdos, de crunchs et autres gainages pour afficher un renflement gonflé comme après un repas de Noël chez Tante Joëlle.** Il faut dire qu'elle cuisine sacrément bien, Joëlle, j'arrive jamais à m'arrêter après les 4 entrées…

Mais ce bidon pour le moment timide, même si l'on sait qu'il renferme Bébé, on ne l'aime pas. Pas pour le moment. Bah non, car à cause de lui, on ressemble juste à une fille qui porte des jeans taille basse trop serrés… Oui, toujours la même fille, celle qui met un crop-top de temps en temps. Du coup, la solution, c'est le camouflage. Alors évidemment, pas obligatoirement l'imprimé camo : on est enceinte, on n'est pas en mode commando. Non, on cache juste le bidon naissant.

Pas de bol, pour moi, c'est tombé en plein été. Du coup, à la plage, compliqué de porter un bikini XXL. D'ailleurs, je suis sûre qu'aujourd'hui encore, il y a des filles que j'ai croisées dans une paillote de Palavas-les-Flots qui disent de moi : « **Bah dis donc, elle a dû en bouffer du chouchou et du beignet la Brodier… Je l'ai vue à la plage, ben c'est pas comme à la télé !** » Vous allez me dire que j'aurais pu mettre une bouée – ce qui aurait caché le dossier Bébé. En plus, avec les 3 millions 432 posts sur Instagram de filles chevauchant leur bouée flamant rose, ça aurait pu être tendance de parader avec… J'entendais déjà les filles commenter : « Eh ben dis donc, Brodier, comme quoi t'as bien fait de t'enfiler un menu familial par jour, tu as eu une super bouée en cadeau ! » Sauf que moi, mon mec a préféré acheter la bouée pizza, du coup pour le glam, on repassera, et pour mon ventre, j'ai préféré le cacher.

Même à l'aube de mon cinquième mois, alors que mon bidon était bien sorti (eh oui, j'ai pris 3,5 kg en 1 mois alors qu'avant, nada), je continuais de le cacher. Je portais du large, du droit, de l'évasé, de l'oversize… Le soir, pas peu fière, mon ventre doublait de volume, aussi je marchais la tête haute, en me la pétant un peu j'avoue. Je savais que c'était une question de jours pour qu'il sorte franchement et que je puisse enfin porter cette petite robe moulante qui dessine une si belle courbe. Vous savez, la petite robe débardeur grise ou noire que toutes les instagrammeuses portent sous une chemise en jean ouverte, accessoirisée par des cheveux brushés façon wavy et des stilettos. La tenue parfaite pour aller faire les courses… Encore un piège d'instagrammeuse : on sait très bien, tout le monde aujourd'hui fait ses courses sur Internet. Et en baskets. Je sais que dans à peine quelques mois, je regretterai amèrement ce temps où je pouvais voir mes pieds et fermer mon manteau, mais pour l'instant, je l'avoue, il me tarde de voir apparaître mon gros bidou.

Troisième mois

Je ne sais pas vous, les filles, mais moi, quand je suis enceinte, je ne me reconnais pas : j'oublie tout, je suis obligée de noter les choses à faire, même les plus évidentes (comme « Aujourd'hui, écrire sur le blog ») et surtout, je deviens plus sensible qu'une aisselle qu'on chatouille.

Je m'émerveille devant la beauté d'un fruit, je lâche des « Coucou toi, tu es mignon, hein tu es mignon » en parlant à n'importe quel animal de compagnie, même vieux et moche…

Mais le pire, c'est mon comportement en regardant la télé. À la base, regarder la télé n'est pas mon occupation préférée et encore moins des programmes comme « 4 mariages et une lune de miel », « L'amour est dans le pré » ou « Baby boum » mais en ce moment, je reste complètement scotchée devant.

Je vous explique la scène : moi râlant devant l'écran contre la méchanceté des filles qui critiquent l'ambiance « country » du mariage ou versant ma larme en essayant de décrypter les mots d'amour de Dédé l'éleveur de cochons déclarant sa flamme : « Bah mouais, j'aime ben la Marie qu'elle "me fait la culotte toute dure." » Tellement touchant…

Mais pourquoi ? Pourquoi je suis devenue une sorte de Bisounours ? (Et là, je ne parle ni de mon bidon ni de mon système pileux.)

Alors, je sais que les hormones y sont pour beaucoup et qu'une fois devenue maman, après être passée ou pas par la case baby-blues, je retrouverai un comportement plus normal. Mais j'avoue, c'est vraiment étrange. Du coup, je suis en demande permanente de câlins ou de mots gentils, et mon chéri ne sait plus comment faire :

– S’il te plaît, prends-moi dans tes bras.
– Heu… Je suis au téléphone là.
– J’ai pas le moral, j’me sens triste.
– Heu… Je suis toujours au téléphone…

On a toutes un comportement différent face à la grossesse : certaines sont heureuses et épanouies et voudraient être enceintes toute leur vie ; d’autres sont plus fragiles et moins sereines (vous l’aurez compris, je fais partie de cette catégorie). Je sais bien que j’ennuie mon chéri avec mon besoin d'être cajolé, mais les garçons, si vous lisez ce livre, sachez que la grossesse est quelque chose de bouleversant, que notre corps ne nous appartient plus, que nos émotions se font la malle et malheureusement pour vous, il n'y a que vous et Bébé qui pouvez nous réconforter. Alors chéri, tu me le fais ce câlin ?

Et puis ne vous inquiétez pas, cet état passera pour Bébé 2. Déjà, parce qu'on aura plus le temps de regarder la télé (d'autant plus si vous êtes comme moi : on la boycotte à la maison afin que Bébénou ne regarde pas les écrans) et aussi parce qu'on aura moins le temps de se prendre la tête, car on devra gérer le « grand »...

Conclusion pour vous les filles : profitez de vos hormones toutes chamboulées à la première grossesse pour demander des trucs supra-chiants à votre moitié ; après, vous n'aurez plus le temps de le faire ch...

Quatrième mois

On a beau s'y préparer, voir son corps changer pendant la grossesse est perturbant pour la plupart des femmes. Imaginez : on loue son corps pendant 9 mois, et quand on le récupère, le locataire a laissé pas mal de dégâts... Et même si les gens nous complimentent (ou font des remarques) sur notre silhouette, eh bien on se sent bizarre... C'est tout de même étrange de ne pas pouvoir maîtriser ce corps qui nous sert quotidiennement à bouger, travailler, marcher, vivre... Là, très vite on galère pour sortir de son lit, on souffre pour monter les escaliers et pour ce qui est des lacets de chaussures, personnellement je viens juste de me commander des Uggs.Bref, même si la joie de porter Bébé est plus intense que tout, au quotidien, ce n'est pas forcément évident et on ne se sent pas toujours bien dans sa peau.

Déjà, il faut l'avouer, quand on est enceinte, tout le monde donne son avis sur notre physique : « Ton ventre est [au choix] petit/gros/large/en avant. » On a parfois droit à un délicat « Tu es sûre qu'il n'y en a qu'un là-dedans ? » – autrement dit #tumetraitesdebaleine – ou encore « Ah ça y est, ça pousse ! » aka #tuesenfingrosse...
Bref, même si ces réflexions sont généralement bien intentionnées de la part des gens, ces remarques répétées ne sont pas forcément les bienvenues.

Moi, j'ai eu souvent droit à « Pfff ! C'est sorti tout d'un coup ! » Bah non en fait, on ne s'est pas vus depuis 2 mois et ça « pousse » tous les jours. Moi je vois mon corps changer, je le sens devenir plus lourd et surtout je me pèse. Je sais bien que je ne me suis pas réveillée avec 7 kg en plus du jour au lendemain ! Maudite balance… **La balance, c'est vrai qu'elle n'est pas notre meilleure pote pendant la grossesse**. On ne la voit pas en mode : « Génial, j'ai rendez-vous avec ma balance ce matin ! Trop sympa on va kiffer, contente de la revoir. » Eh bien non, on monte dessus la boule au ventre, en espérant qu'elle ne nous donne pas une trop mauvaise nouvelle. S'il te plaît, s'il te plaît, s'il te plaît…

D'ailleurs c'est marrant, dès que je regarde mon compte en banque, j'ai le même stress : s'il te plaît, s'il te plaît, s'il te plaît (la différence, c'est que pour le compte, plus il est gros et mieux on se porte !)… Donc **un conseil : la balance, pour moi, c'est une fois par semaine, toujours le même jour et à jeun.** Et si possible, le jour de la semaine où j'ai réussi à aller aux toilettes (pardon pour ces détails peu ragoûtants, mais ça modifie la donne de plus de 1 kg chaque fois, et enceinte, même 200 g c'est important). J'ai téléchargé une application qui me donne le poids pris d'une semaine à l'autre avec mon taux de gras, d'eau et de muscles. J'y ai ajouté une application qui me permet d'entrer le nombre de calories que j'ingère par jour. (Bon ça, évidemment, je ne le fais jamais, mais au cas où, j'ai ce qu'il faut !)

On le sait maintenant, Bébé n'a besoin que de 300 calories supplémentaires les 3 derniers mois. De 0 à 3 mois de grossesse, on ne change pas son apport, puis il a besoin de 100 calories de plus jusqu'à 6 mois et donc 300 calories jusqu'à la fin. 300 calories, c'est vraiment pas grand-chose alors on prend garde à ne pas manger n'importe quoi, mais de toute manière, les filles, dès le septième mois, Bébé grossit chaque semaine, donc nous aussi !

On est toutes heureuses de voir notre baby-bump s'arrondir, car il représente la vie. On est fières d'être bientôt maman mais en même temps, on a peur de l'après. **Tous ces kilos d'amour, il va bien falloir les perdre pour se retrouver soi, en tant que femme…** Car quand on est enceinte, on s'oublie : on ne se trouve de toute façon ni jolie ni désirable, on est juste heureuse d'attendre un bébé. Là aussi, il y a sûrement des exceptions, des femmes qui aiment être enceintes et se sentent belles ainsi,

J'y vais...
J'y vais pas.

Allez !
J'y vaiiiiiis...

pas.

désirables et épanouies. Personnellement, je suis heureuse d'attendre un enfant mais frustrée de ne pas pouvoir être aussi active que d'habitude. C'est pour cela que je ne me réjouis pas d'entendre « Ça a poussé, dis donc ! » : ce n'est pas mon ventre qui pousse mais mon bébé qui grossit. Pas plus que je n'apprécie un « 7 mois ! Dis donc c'est passé vite ! » : pour toi, peut-être, car tu n'es pas enceinte. Mais moi je compte chaque jour, j'ai tellement hâte que Bébé soit là !

Et même si souvent la grossesse attendrit et que les gens vous trouvent jolie, vous, vous n'avez pas cette sensation. Je pense qu'il n'y a que votre chéri qui peut vous aider à vous sentir belle enceinte, mais souvent, il ne vous le dit pas, car pour lui, comme pour vous, vous portez la vie, vous n'êtes pas en mode désirable ou sexy.

Comme beaucoup de femmes, j'ai toujours eu un **rapport compliqué à l'image**. J'ai multiplié pendant des années les régimes, tous plus fous les uns que les autres. Adolescente, mon image me déplaisait tellement que j'ai arrêté littéralement de me nourrir pour perdre mes formes : trop de poitrine, trop de fesses, je voulais disparaître… L'anorexie, l'hospitalisation, tout ça j'ai connu… Alors aujourd'hui, même si je suis bien dans ma peau, je suis toujours très dure avec moi-même. Pour autant, je ne suis pas une exception : la plupart des femmes sont ainsi et se jugent durement. En cause, la société, qui n'est pas très indulgente avec nous et a fortiori quand on est une femme.Pour moi, enfiler ce nouveau corps est quelque chose de particulier. Je n'ai pas honte de le dire, car on entend beaucoup que c'est génial d'être enceinte, mais on oublie de dire que c'est aussi déroutant. Aujourd'hui, je vis ma grossesse plutôt sereinement, mon âge y contribue certainement, mais j'ai lu quantité de témoignages de femmes pour qui c'est vraiment dur…

Les filles, je voulais vous dire que pour moi aussi, c'est particulier, même si pourtant j'ai l'impression que ce corps de femme enceinte, plus lourd, plus gras, moins tonique, est à n'en pas douter la **meilleure version de moi-même**. Je deviens celle que j'ai toujours voulu être : maman. Et ce corps qui porte la vie, c'est le plus joli des costumes.

Après Catwoman,
voici Tigerwoman.

Sauf que moi,
j'suis VRAIMENT
tigrée...

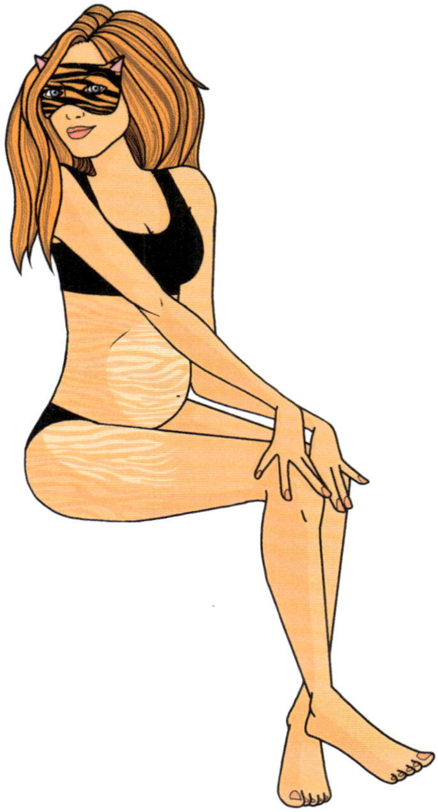

Cinquième mois

Il paraît que devenir maman change à vie, que l'on a plus les mêmes objectifs ni les mêmes désirs. Devenir maman fait de nous une autre femme, pas seulement psychologiquement, malheureusement physiquement aussi : les kilos pris, passe encore, mais ce que l'on redoute toutes, ce sont les fameuses vergetures...

Mais il n'y a pas qu'elles, il existe d'autres petits désagréments esthétiques, comme les boutons, et les poils… Eh oui, la grossesse, c'est du glam, du glam, du glam… On dit merci qui ? Merci les hormones !

Les **vergetures** et moi, c'est une grande histoire – pas d'amour évidemment. On s'est rencontrées, j'avais à peine 12 ans. Un été, je suis partie en vacances, longue, fine et plate comme une crêpe, et à la rentrée scolaire, j'étais métamorphosée, affublée d'un fessier rebondi et d'un bon 90 C. Pour « décorer » ces nouveaux attributs, de jolies stries violacées…

Depuis, mes vergetures sont devenues blanches et j'ai fini par les accepter. Quand mon amoureux m'a demandé un jour : **« C'est quoi ça ? Sur le haut de tes fesses ? », j'ai répondu que c'était des griffes de jaguar… grrrr… J'espère qu'il m'a crue.**

En tout cas, maintenant que je suis enceinte, je veux essayer d'éviter au maximum de nouvelles vergetures. Parce que du trait sur du trait, ça fait un quadrillage. Et les carreaux, ça fait plus torchon de cuisine que tigre du Bengale.

Selon ma gygy, la chance que j'ai de n'être plus toute neuve est que ma peau est plus détendue qu'à 20 ans. Ah ben merci, je suis donc une vieille ramollie ? Bon, selon elle, j'ai donc moins de risque de craqueler, mais ce n'est pas pour autant que je ne me badigeonne pas matin et soir ! Car les vergetures sont ni plus ni moins des lésions de la fibre élastique de la peau, qui apparaissent surtout les derniers mois de la grossesse. Voire les derniers jours, voire après l'accouchement…

Vous n'avez pas le choix pour éviter la cata : priez ! Et surtout, hydratez-vous un maximum en vous massant tous les jours, 5 minutes par zone, en ne vous illusionnant pas, ce n'est pas une science exacte : **même si vous vous oignez, vous massez et ne prenez pas trop de poids, rien ne dit que les vergetures ne vont pas pointer le bout de leur nez.**

Bon, les vergetures, c'est fait. On passe à la suite ?

Pendant ma grossesse, ma peau a été extrêmement sèche, accessoirisée de jolis petits **boutons d'acné**. Il n'y a pas grand-chose à faire, ou plutôt si :

ne rien faire et ne pas y toucher, désinfecter le bouton avec une lotion… Les crèmes anti-boutons sont souvent contre-indiquées.

Quant aux **poils**, pas d'inquiétude si vous en avez plus que d'habitude, ils disparaîtront après l'accouchement. Moi, j'étais poilue comme un bébé yéti ! Même mon ventre était recouvert d'un manteau pileux, sans parler de mes fesses, qui arboraient un duvet plus que douillet.

Enfin, pour compléter le tableau, des **varices**. En plus d'être moche, avoir une carte routière sur les jambes peut être aussi douloureux. En effet, le retour veineux se faisant mal, les vaisseaux explosent. Ce phénomène s'associe souvent à de la **rétention d'eau**. Bas de contention, drainage lymphatique, marche, natation, jet d'eau froide sur les jambes, voilà ce qui peut prévenir et diminuer l'apparition des varices. 80 % d'entre elles disparaîtront après l'accouchement. Quant aux autres, on peut les faire enlever… Pensez à signaler à votre gynéco l'apparition des varices pour qu'il diagnostique tout risque de phlébite.

J'oubliais un petit détail… Les varices peuvent être vulvaires. Oui, je sais, c'est pas cool, et souvent, qui dit problème de circulation dit hémorroïdes. Voilà, voilà…

Et si j'faisais des tatouages au henné autour de ma ligne brune, ça ferait éthique, non ?

Sixième mois

Le sexe du bébé est certainement la chose qui intéresse le plus les gens quand ils apprennent votre grossesse (avec le nombre de kilos pris, évidemment !). Comme s'il y avait quelque chose à gagner : fille ou garçon ? Le droit de rejouer peut-être ? Avec mon chéri, on a voulu connaître le sexe de notre enfant, on n'aurait pas pu attendre l'accouchement pour savoir, on était trop impatients. Dès la première écho, on nous a donné une tendance, fiable normalement à 80 % : c'est un garçon.

Fulgence s'est empressé de révéler le sexe de notre bébé à nos proches qui nous le demandaient. Je prenais la peine d'ajouter : « On n'est pas sûrs… » Car le coup de : **« Ah, au fait, on s'est trompés, notre petite Julia s'appellera plutôt Julio** », je l'ai trop entendu.

Je dis ça, mais j'ai toujours été profondément convaincue de connaître le sexe de mon bébé, et ce dès le début de ma grossesse. Puis, au fil du temps et des échos, j'ai eu la confirmation de ce que je ressentais : oui, c'est un bébé !!! Je ne sais pas pourquoi, mais je n'ai pas envie de communiquer le sexe de mon enfant – sauf à mes proches. On me le demande souvent sur le blog ou sur Instagram, mais j'ai envie de garder cela pour moi. Peut-être parce que je me délecte des commentaires que font les gens en regardant mon bidon : « C'est un garçon ! Ton ventre est vers l'avant et tu manges du salé » ; « Sûr, c'est une fille, tu as des aigreurs et des boutons ». (Oui, merci, j'ai des boutons… pffff.)

Ça m'amuse toujours d'écouter une théorie qui en contredit une autre.

La question demeure : doit-on dire le sexe ? Et je me la pose, car si je donne le sexe, viendra ensuite la question du prénom, et ça, je n'ai pas envie de le dire. Je ne voudrais surtout pas qu'on me fasse ce que j'ai fait à mon cousin quand il m'a annoncé « Mon fils s'appelle Malo » et que je lui ai répondu « Ça va être dur pour lui à l'école : Malo dos, malo dent, malo fesses ». Il n'avait pas une seconde pensé à cela, mais trop tard, le mal était fait. Il m'a regardé avec l'œil de celui qui a envie de m'emplâtrer et m'a répondu : « Toi et ton esprit d'humoriste tordu… Personne ne pensera à ça, c'est Malo pour Saint-Malo. » Mouais, on verra. Personnellement,

Tu as des remontées acides... c'est donc une fille...

mais ton ventre est en pointe, c'est un garçon !

Peut-être...

mes parents m'ont appelée Ariane pour celle de la mythologie, mais toute ma scolarité, on m'a appelée « la fusée »…
Bref, entre les jeux de mots pourris et les « Ah, tu veux l'appeler comme ça ? Je connais un enfant qui porte ce prénom et il est insupportable », je préfère garder pour moi le sexe et le prénom de mon bébé. De toute manière, je vais essayer toutes les combinaisons possibles de jeux de mots pour lui faciliter la vie à l'école.

Et puis si je dis que c'est une fille, va-t-on m'offrir des barboteuses roses alors que je déteste cette couleur ? Et si c'est un garçon, des pyjamas bleus pour transformer mon bébé en Schtroumpf ? Bon, je dirai quand même le sexe de mon bébé avant l'accouchement, car ma sœur adorée prévoit de m'organiser une baby-shower (une douche de bébé donc ? Je suis la seule à être choquée ?). Je n'étais pas trop pour fêter Bébé avant sa venue, je trouve cela étrange. Et puis je suis tellement flippée… Mais ma sœur vit aux États-Unis, où la baby-shower est monnaie courante. Je sais qu'elle se réjouit de me préparer une super fête. Du moment qu'il y a de la bière pour mon mec et ses copains et un apéro sympa, moi, ça me va !

Oui, parce que je ne suis pas du genre à vouloir une fête girly avec des cupcakes et des jeux où l'on dessine sur des couches.

En tout cas, j'ai promis que je dévoilerais le sexe de mon bébé pour la liste de naissance, car mieux vaut avoir des barboteuses roses ou des pyjamas de Schtroumpf que des ensembles jaunes ou verts qui sont censés aller aux filles comme aux garçons mais qui, en vrai, ne vont à personne !

Liste de
Naissance
Et voilà !
Moi qui pensais
que bébé avait
juste besoin
d'amour...

Mes indispensables

Laissez-moi vous dire, les filles, on peut avoir honte de faire une liste de naissance et pourtant, je vous assure que c'est le seul moyen d'avoir ce dont on a besoin et pas 10 pyjamas roses ou bleus.

Sur votre liste, mettez la chambre de Bébé et son siège auto, sa poussette – le plus gros budget.

Il y a aussi l'option d'achat sur Internet, sur Vinted ou Ebay par exemple : j'y ai pour ma part vendu beaucoup de choses toutes neuves, car pour le premier enfant, on achète tout et on se sert finalement de peu.

Moi j'ai adoré mon Cocoonababy (Red Castle), ce coussin qui se pose partout. Mon bébé avait des reflux et sa forme ergonomique était géniale pour lui.

J'ai adoré également ma poussette Yoyo (Babyzen), qui est légère et facilement transportable.

Enfin, j'ai préféré le porte-bébé à l'écharpe de portage, même si elle est plus physiologique, parce que je me sentais plus à l'aise avec les harnais et je trouvais ça plus pratique à attacher avec les gros manteau d'hiver.

En revanche, je ne me suis jamais servi de stérilisateur ni de chauffe-biberon. J'ai préparé les biberons à température ambiante, et je les ai lavés avec leurs tétines 1 fois par semaine à l'eau bouillante. Sinon, le lave-vaisselle stérilise très bien ! Mon fils, qui a 15 mois au moment où j'écris ce livre, n'a jamais été malade. Certes, il n'est jamais allé en collectivité… Et c'est un bébé tigre, donc solide !

Septième mois

Bizarrement, lorsque vous annoncez votre grossesse à vos proches, ils vous donnent tous le même conseil : « Dors »…

À la base, je ne suis pas une grande dormeuse, je suis du genre couche-tôt-lève-très-tôt, mais pendant le premier trimestre de ma grossesse, je pouvais m'endormir partout. OK, petite rectification, je m'endormais partout, même pendant un cours de Dynamo-cycling (en même temps, pédaler, c'est répétitif). Du coup, dire adieu à la grasse matinée ou aux nuits de 8 heures d'affilée ne me fait pas plus flipper que ça. Bébé, je t'attends de pied ferme avec tes réveils nocturnes ! J'ai même pas peur ! De toute façon, je me lève en moyenne 6 fois par nuit pour faire pipi.

Sauf que depuis plusieurs jours, entre chaque pause-pipi, je ne me rendors pas… Eh bien non, car mon bébé semble être un night-clubber et a décidé de s'activer dès la nuit tombée. Dis donc, jeune gremlin, tu vas te calmer et laisser Maman tranquille ?
Non. Il tape, se retourne, fait des galipettes, bref, **si j'avais un voisin aussi actif, j'appellerais les flics.**

Sauf que pour l'instant, Bébé est en coloc dans mon bidon et que la seule solution pour que je me rendorme, c'est qu'il se calme… Alors c'est vrai que si son papa commence à poser sa main sur mon bidon, il se calme d'emblée. Sauf que réveiller le futur papa toutes les heures pour m'endormir, ça va pas vraiment l'amuser, lui ! Et puis on risque d'être crevés tous les deux, du coup de s'engueuler : mauvaise idée.

Le pire, c'est que quand j'arrive à enfin trouver le sommeil, souvent j'ai envie de faire pipi ou je suis réveillée en sursaut par un cauchemar. Alors moi, mes cauchemars n'ont jamais de rapport avec la grossesse – mais on m'a dit que c'était lié, même celui où je me fais ligoter par une armée de chipmunks qui veulent me faire manger du fromage ; raconté comme ça, ça fait pas vraiment peur, mais je déteste le fromage. Et en plus je n'ai pas eu la toxo.

Le tapage nocturne,
ça te parle ?

Mon astuce

Toxo, listériose, salmonellose : on mange quoi enceinte ?

On entend tout et n'importe quoi sur l'alimentation que doit avoir une femme enceinte. On confond toxoplasmose et listériose, et puis on se dit qu'un tout petit peu de cru, ça ne peut pas faire de mal. Au contraire, parce qu'on est immunisée, on croit pouvoir tout manger. Ou bien on s'interdit des choses qui sont tout à fait tolérées. Et si on éclaircissait tout ça ?

Dès le début de votre grossesse, vous saurez si vous êtes immunisée contre la toxoplasmose. Si vous ne l'êtes pas, voici les précautions à prendre :

- mangez de la viande bien cuite pour détruire tout parasite éventuellement présent chez l'animal (évitez, cela va de soi, les steaks tartares, les grillades et fondues bourguignonnes) ;
- ne mangez pas de charcuterie crue, fumée ou salée ;
- ne mangez pas d'œufs crus ;
- ne consommez pas de lait non pasteurisé, en particulier de lait de chèvre ;
- lavez abondamment les fruits et les légumes destinés à être mangés crus ;
- ne portez pas vos mains à la bouche ou au visage lors de la manipulation de viande crue ;
- utilisez des assiettes séparées pour la viande crue et les aliments cuits.

Si votre envie de viande saignante se fait trop forte, accordez-vous ce petit plaisir, mais à la seule condition de congeler la viande avant sa consommation, à – 20 °C pendant 2 jours.

Mais le parasite de la toxoplasmose peut aussi se cacher dans le jardin, la cuisine et la litière du chat ! En effet, il se développe dans la terre. Alors, pour toutes celles qui ont la main verte, le port de gants est fortement conseillé. Et pour celles qui ont un chat, devez-vous vous débarrasser de votre chat pendant la grossesse ? Heureusement non ! La plupart des chats ont déjà eu eux-mêmes la toxoplasmose et sont donc immunisés. Si ce n'est pas le cas et que votre chat l'attrape, il ne sera contaminant que pendant 10 jours. La contamination se fait par griffure ou par l'intermédiaire de ses excréments.

Pour limiter les risques, quelques consignes :

- déterminez le statut sérologique de votre animal, pour savoir s'il est porteur ou non du parasite de la toxoplasmose ;
- demandez au futur papa de s'occuper de la litière du chat, à changer régulièrement sans oublier de laver la caisse à l'eau bouillante avec des gants ;
- évitez d'entreposer la litière dans la cuisine ;
- donnez à manger à votre chat des produits cuits ou des conserves ;
- n'adoptez pas de chats errants ni de chatons pendant la grossesse.

À ne pas négliger non plus, les mesures d'hygiène de base :

- se laver les mains à l'eau et au savon avant chaque repas ;
- laver les instruments de cuisine, les éviers et les plans de travail qui ont été en contact avec de la viande crue ou de la terre.

Pourquoi toutes ces précautions ? Quels sont les risques ?

En France, chaque année depuis 2007, date de mise en place d'un système spécifique de surveillance de la toxoplasmose congénitale, de 180 à 250 cas de toxoplasmose congénitale sont signalés chaque année, responsables d'environ 10 à 20 interruptions médicales de grossesse.

Parmi les troubles occasionnés à la naissance, le fœtus est susceptible de présenter des lésions oculaires ou neurologiques graves. D'où l'importance de mettre toutes les chances de votre côté pour ne pas être infectée par la toxoplasmose !

Alors, immunisée ou non, on fait attention à la listériose et à la salmonellose. Pour limiter tout risque, on adopte les bons comportements :

- abstenez-vous de manger des aliments qui peuvent être dangereux, comme les fromages à pâte molle ou au lait cru (non pasteurisés) – camembert, fromages râpés en sachet –, les produits achetés à la coupe, les poissons crus et fumés (bye les sushis et sashimis), les fruits de mer (sauf si vous les cuisez vous-même), la viande ou la charcuterie crue ou cuite artisanale (rillettes) ;
- faites bien cuire toutes vos viandes et préparations à base d'œufs ;
- on oublie le tarama, tous les œufs de poisson et le foie gras. Bref, pendant les fêtes, on se rattrape sur la bûche si elle est glacée, on évite la crème au beurre fermier…

D'autres aliments déconseillés ?

On sait que des doses extrêmement élevées de vitamine A peuvent présenter des risques pour le fœtus. C'est pourquoi, par précaution, en raison de la teneur élevée en vitamine A des foies d'animaux, il est recommandé aux femmes enceintes d'éviter de manger du foie (quelle que soit l'espèce) ou des produits à base de foie. Mais ne vous affolez pas pour autant si vous en avez consommé.

Le soja et les produits à base de soja contiennent des phytoestrogènes, substances pouvant interférer avec le système hormonal de la mère et du bébé. Par prudence, il est conseillé pendant la grossesse d'éviter de consommer des compléments alimentaires contenant des extraits de soja et de limiter les aliments à base de soja (pas plus d'un par jour).

Les produits enrichis en phytostérols – margarines, yaourts, boissons lactées, etc. – sont réservés aux personnes qui ont « trop de cholestérol ». Même si c'est votre cas, il est déconseillé aux futures mamans d'en consommer, car les risques éventuels ne sont toujours pas connus.

Dernier point, l'aspartame. Si un des rapports de l'Agence nationale de sécurité sanitaire de l'alimentation (Anses) avait écarté le « risque avéré pendant la grossesse », d'autres études ont mis en évidence un risque d'accouchement prématuré. Bref, par mesure de précaution, on oublie les édulcorants. Du coup, bye-bye les sodas zéro…

Quid du café et du thé pendant la grossesse ?

Des études ont montré que le fait de consommer plus de 600 mg de café par jour pouvait réduire le poids de naissance du bébé. À 800 mg par jour, on augmente le risque de mortalité. Soyez raisonnable sur votre consommation, et privilégiez des cafés « légers ».

Une trop grande consommation de thé diminue l'absorption du fer contenu dans les aliments. À consommer avec modération donc, pour ne pas risquer une anémie. Par ailleurs, le thé est un excitant au même titre que le café, n'en abusez donc pas !

Vous pouvez boire sans danger de la tisane d'écorce d'agrumes, de gingembre, de mélisse, d'églantier, à raison de 2 à 3 tasses par jour.

Enfin, enceinte, on ne boit pas… du tout ! On aura toujours une copine qui a bu 3 coupes pendant sa grossesse ou une grand-mère qui va vous dire que cela ne fait rien. Pourtant, l'alcool, sous toutes ses formes, est à proscrire, car il attaque le cerveau du fœtus. Chaque année, un enfant par semaine naît en France atteint d'un syndrome d'alcoolisation fœtale, qui crée des retards mentaux ou des troubles de l'attention… alors que leur mère n'était pas alcoolique. Un seul mot d'ordre : on s'abstient.

Pour en revenir à mon sommeil perturbé, en particulier le dernier trimestre, je me dis que c'est sûrement pour nous habituer à dormir en fractionné… Alors voilà les trucs qui m'ont aidée à trouver le sommeil plus facilement.

- **Dîner tôt**
  Un bidon léger, c'est mieux pour trouver le sommeil, alors quand on peut, on mange au moins 3 heures avant d'aller se coucher et on évite les lasagnes ou la tartiflette. C'est pas parce que vous aurez le bidon rempli que vos yeux vont se fermer.

- **Boire une tisane, une seule !**
  La camomille de Mamie peut vous aider à vous endormir. Oui, mais seulement si on n'en boit pas 2 l, sinon on passe sa nuit aux toilettes.

- **Se bouger !**
  Je fais du sport tous les jours, même enceinte, j'adapte ma pratique à ma grossesse. Tous les jours, mais uniquement le matin ; faire du sport le soir empêche de trouver le sommeil.

- **Dormir dans une chambre fraîche**
  Préférez enfiler un pyjama (au plus grand plaisir du futur papa) que de chauffer la chambre : le chauffage est mauvais pour le retour veineux – d'ailleurs, dormir les pieds surélevés, c'est mieux – et déshydrate les muqueuses (perso, je saigne déjà du nez et j'ai les yeux qui me piquent beaucoup). Tant qu'on y est, on dort à gauche, c'est mieux « pour limiter les risques de malaise plus fréquents lorsque les femmes s'assoupissent sur le côté droit ou sur le dos, par exemple », dixit ma gygy. En effet, ces positions peuvent comprimer la veine cave – une grosse veine dans l'abdomen qui se situe juste devant la colonne vertébrale – et provoquer des malaises.

- **Prendre du magnésium**
  Personnellement, je prends du magnésium qui limite mes crampes nocturnes.

OK, donc être enceinte,
c'est avoir mal au dos,
être incontinente et souffler
dans les escaliers...

Être enceinte,
c'est être vieille quoi.

Huitième mois

« Oh non… Je dois encore vider ce maudit lave-linge. Et pourquoi il est aussi bas ? Il a rétréci ou quoi ? Ou alors c'est mes jambes qui ont poussé ? On aurait dû le mettre en hauteur, et aussi le sèche-linge, le lave-vaisselle, et le four aussi… »
Je ne sais pas si pour vous c'est pareil, mais pour moi, les tâches du quotidien deviennent très compliquées à accomplir. À tel point que pour me faciliter la tâche, je vais prévenir mon mec : « On va arrêter de laver nos fringues, non ? Pour la planète, c'est bien ? » Vous savez la quantité d'eau que consomme une machine ? Bon, je sais pas non plus, mais c'est beaucoup. Alors oui, on va un peu puer, mais c'est tellement futile de sentir bon…
Et si on se mettait aux assiettes en plastique ? Ah oui, pour l'écologie, c'est pas terrible, mais comme on va économiser de l'eau en arrêtant de faire des lessives…

Quoi ?
Bon j'avoue, je suis crevée, normal 2 mois avant l'accouchement, mais **plus les jours passent et plus j'ai l'impression de me transformer en mamie.**

Le pire, c'est que souvent j'oublie que je suis enceinte, et c'est mon corps qui me le rappelle ! Je me lève 7 fois par nuit pour aller faire pipi et chaque fois, je ne me rappelle plus que je dois rouler sur le côté pour me lever. Ou bien je veux passer entre une table et un fauteuil et mon ventre reste coincé, me rappelant que j'ai un gros ventre.

Mais je pense que le pire du pire, ce sont toutes ces petites douleurs qui me font gémir toute la journée : le dos, la sciatique, les crampes, l'aine… Je me surprends à lâcher des « aïe ! », « ouille ! », « tsss », « rrrrggg », « ahhh »… Un vrai petit animal.

Pourtant, tout cela est juste normal, ça s'appelle la « grossesse ». Je devrais déjà me réjouir d'avoir pu continuer toutes mes activités (professionnelles, sportives, etc.) jusqu'à la semaine 30 sans souffrir d'aucune fatigue – je pense à certaines d'entre vous qui ont dû ralentir beaucoup plus tôt, ou à d'autres qui sont alitées depuis des mois… Pour ma part, le verdict de ma gynéco a fini par tomber : FAUT SE CALMER BRODIER !

« Le col est court donc on se repose. On va arrêter la salle de sport, se mettre à la piscine, dormir et surtout éviter la marche et la station debout. Et pour les douleurs, c'est juste normal. »

Chez moi, c'est le **dos** qui morfle le plus. Comme pour environ 75 % des femmes enceintes durant leur grossesse. Les douleurs dans le dos peuvent être causées par le poids du ventre (on courbe le dos vers l'arrière pour compenser notre gros bidon) ou par le fait que les ligaments sont plus relâchés pendant la grossesse, en prévision de l'accouchement.

Les filles, si vous êtes vous aussi dans ce cas, chouchoutez-vous ! Il n'y a pas grand-chose d'autre à faire : kiné, massages, piscine, bien penser à plier les genoux pour se baisser…

Pour soulager mes **douleurs à l'aine**, j'applique une bouillotte (un bon truc de grand-mère), les bains font du bien aussi…

Enfin, pour les **fuites urinaires** – perso, un éternuement ou un fou rire et c'est la cata –, eh bien il n'y a pas grand-chose à faire pour les réduire. Toutefois, pour éviter qu'elles persistent ou s'aggravent après l'accouchement, on muscle et on protège son périnée.

Neuvième mois

Honnêtement, j'ai eu une grossesse géniale : même si j'ai eu plein de petits maux, j'ai eu la chance d'être active jusqu'au bout et on peut dire que j'ai nagé dans le bonheur.

Mais là, j'en ai marre ! Car même si je n'ai pas pris beaucoup de poids, mon bidon me pèse et mon dos me fait souffrir. J'ai l'impression que je vais exploser.

Petit retour en arrière…

39e semaine d'aménorrhée. Ma gynéco est on ne peut plus claire : mon bébé est haut, mon col ouvert à 1 et je n'ai pas de contraction, autant dire c'est pas pour demain ! Ma mère a accouché 1 semaine après le terme pour ma sœur et pour moi, donc **s'il y a un lien génétique, je ferai mon fils en février et non pas fin janvier !**

En attendant, je fais tout pour accélérer le travail. Tous les matins, j'enchaîne 1 heure de cardio-training, d'elliptique, de vélo avec 1 heure de natation. L'après-midi, je fais mon ménage, mes vitres, mes sols à fond. Résultat : ma maison est briquée !
Avec mon amoureux, en voiture, on prend les dos-d'âne sans ralentir mais à part me faire mal à la sciatique, il n'y a aucun résultat… Je prends aussi de l'homéopathie, de la tisane de feuilles de framboisier, censés aider à la délivrance ; je fais de l'acupuncture mais pour l'instant, rien

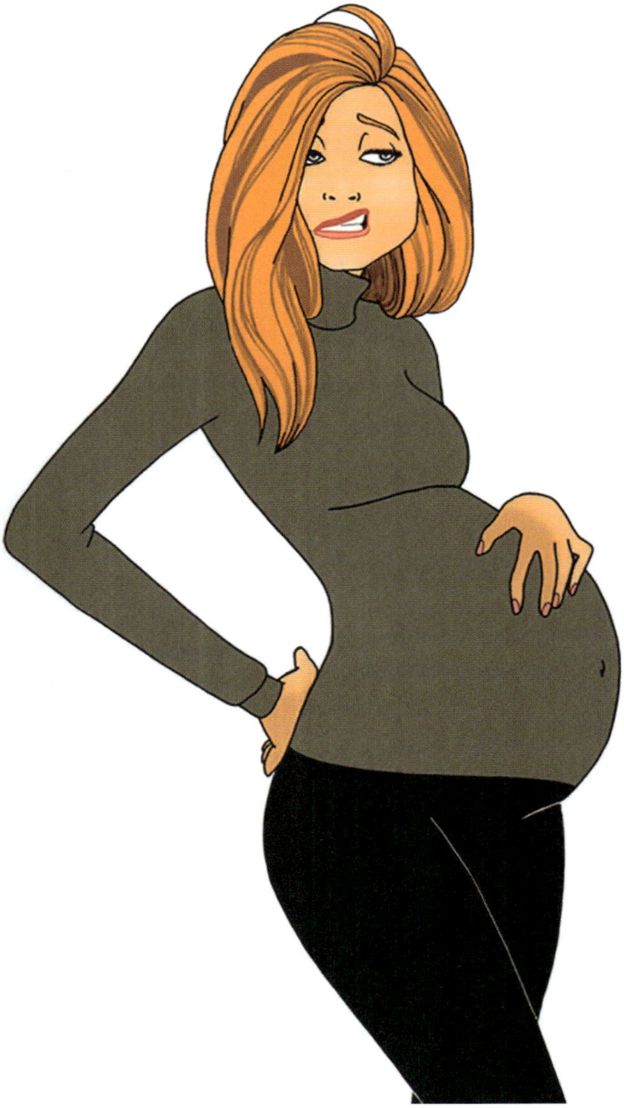

Allez… Sors s'il te plaît,
je n'en peux plus…

Ah tu veux pas ?! OK !
Alors ne m'demande pas
de sortir à 18 ans…

Tu resteras
avec maman !

ne fonctionne, pas même la « méthode italienne » (mais si, les câlins avec papa – qui peut être italien ou pas d'ailleurs…).

Alors une chose est sûre, mon fils est bien là où il est. Et c'est pas nos techniques à deux balles qui vont le déloger ! Vous le prenez pour qui ? Après tout, il est chez lui ! Alors maintenant j'ai droit aux commentaires du type : « Ça va, c'est pas grave ! Il reste au chaud, profites-en pour te reposer car après, ça sera dur. » Alors non, ce n'est pas grave, sauf que non, je ne me repose pas parce que j'enchaîne les nuits blanches puisque en fin de grossesse, on ne dort plus. On ne sait plus comment se positionner : sur le côté, mon fils me donne des coups dans les côtes et sur le dos, j'ai l'impression d'être une tortue retournée sur sa carapace, je peux à peine bouger. Et quand j'arrive enfin à m'endormir, je ronfle tellement que mon mec, lui, ne dort pas du tout. Même moi, mes ronflements me réveillent, c'est dire ! Du coup, je dors assise. Je me sens beaucoup mieux… mais je ne dors pas.

Mis à part ces petits problèmes d'inconfort de fin de grossesse, **j'ai surtout hâte de rencontrer mon fils.** De savoir qu'il va bien, car c'est ce type d'inquiétude qui plane le plus à la fin. Je pense beaucoup à sa santé. J'ai hâte qu'il soit là pour vérifier que tout va bien. Depuis le début, son état de santé, c'est mon obsession. Sûrement à cause des fausses couches qui ont précédé sa venue, et même si toutes les mamans y pensent, chez moi, c'est exacerbé.Et puis, je crois que j'ai hâte qu'il soit hors de mon bidon pour ne plus être la seule responsable en cas de souci. Avec mon chéri, on sera deux à pouvoir prendre soin de lui, j'aurai moins de poids à porter seule, moins de culpabilité aussi…
Car les fausses couches vous rendent très coupables : on a beau vous dire que vous n'y êtes pour rien, au fond de vous, vous vous en voulez de ne pas avoir été capable de porter cet enfant jusqu'au terme.

Devenir parent, c'est devenir responsable de quelqu'un, et je sais que toute ma vie, je serai à l'écoute de son bien-être et inquiète pour lui. C'est vrai que j'ai un compagnon formidable, sur qui je peux me reposer, et je suis heureuse qu'il puisse bientôt prendre sa part de responsabilité. Mais voilà, c'est comme ça, je dois prendre mon mal en patience, car j'irai sûrement jusqu'au terme, voire plus tard, comme ma mère l'a fait pour nous. Encore une fois, j'ai déjà beaucoup de chance de ne pas avoir été alitée et d'avoir pu vivre normalement (enfin, jusqu'à 15 heures… parce que après, je suis une baleine !). Mais vous ne pouvez pas m'en vouloir d'être impatiente de tenir mon fils serré contre moi. Je t'aime, mon trésor. Maman t'attend… mais grouille-toi quand même un peu !

Au yoga, je connaissais le cobra ou le chien tête en bas… Bon là, on est plus sur un panda qui aurait trop mangé comme position !

9 mois pour faire un bébé

9 mois, et même plus, car on préconise une consultation préconceptionnelle, qui permet d'apprécier le niveau de risque de la grossesse à venir, de prescrire les sérologies toxoplasmose et rubéole, de connaître le groupe sanguin, de réaliser l'examen gynécologique et le frottis cervical.
Cette consultation permet aussi de donner les conseils de prévention, de sensibiliser aux effets des toxiques, de mettre à jour le calendrier vaccinal et de prescrire si besoin une supplémentation alimentaire.
En cas de pathologie, il est nécessaire de faire le point sur celle-ci et d'apprécier le retentissement possible sur la grossesse, et celui de la grossesse sur la maladie, afin d'ajuster le traitement avec les différents spécialistes.
La première consultation, avant 10 semaines d'aménorrhée (SA), permet de dater la grossesse, de prescrire le bilan obligatoire, de mettre en place le suivi de la grossesse et de prescrire l'échographie du premier trimestre
La deuxième consultation, avant 14 SA, consiste à établir la déclaration de grossesse, à réaliser un examen clinique, à prescrire la surveillance biologique en fonction du bilan initial et le dépistage sérique de la trisomie 21. Enfin, le praticien informe sur les séances de préparation à la naissance avec une sage-femme.
Tous les mois seront réalisés : un examen clinique (poids, tension artérielle, bruits du cœur fœtal, mesure de la hauteur utérine, toucher vaginal ou échographie pour mesure de la longueur du col), un interrogatoire sur d'éventuels signes fonctionnels ou désagréments.
Au cours du suivi sont réalisées 3 échographies : à 12 SA, 22 SA et 32 SA.
Les autres examens complémentaires :

- un prélèvement vaginal, avec recherche du streptocoque B, dans le dernier trimestre de la grossesse ;
- le dépistage du diabète gestationnel au sixième mois, non systématique ;
- une sérologie toxoplasmose mensuelle en cas de non-immunité ;
- une bandelette urinaire ou ECBU tous les mois ;
- une consultation d'anesthésie à partir de la 32 SA ;
- une consultation le dernier mois pour le pronostic obstétrical avec l'examen du bassin et la présentation fœtale.

Allez, plus que 4 mois...

Témoignage

Et le papa dans tout ça ?

Ça y est, je vais être « Papa ». Juste ce mot me remplit de joie. C'est peut-être parce que je n'ai pas eu beaucoup l'occasion de l'employer… Allez, encore une fois, je vais être papa. Je me répète encore et encore cette phrase, car je suis du genre à croire seulement ce que je vois. J'attends ce moment depuis longtemps, et c'est vrai que notre expérience de la grossesse m'a bien refroidi…

La première fois qu'Ariane est tombée enceinte, elle avait élaboré un stratagème adorable pour me le dire, vous savez, pour que l'annonce soit parfaite, émouvante et qu'on la raconte aux amis avec émotion… Mais avec les fausses couches, on a arrêté de trop s'enthousiasmer…

Donc cette fois-ci, j'ai eu le droit à un test de grossesse au réveil, que j'ai gardé précieusement en souvenir… Non, je déconne, c'est quand même sur une sorte de thermomètre qui sent l'urine. On l'a jeté dans les 30 secondes.
Les semaines passent et on en parle peu. On a peur tous les deux, on ne fait pas de projets, on ne se réjouit pas, on est prudents… Donc de l'extérieur, rien n'a changé. Si, peut-être… Ariane.
On sait tous que les femmes enceintes sont chiantes et sensibles. Alors imaginez une femme enceinte, complémentée en hormones et qui se fait des piqûres tous les jours pour éviter les fausses couches… Bah… Elle est encore plus chiante…
C'est pas trop le fait qu'elle s'endorme à table, sur le canapé, chez des amis, dans la voiture, à la plage, au cinéma, mais c'est plus que j'ai en face de moi une fille que je n'arrive pas à cerner… Elle passe du rire aux larmes… aux siestes, surtout, aux siestes !
Elle est devenue « légèrement » susceptible… Un jour, j'ai eu le malheur de lui dire : « Bah tu manges finalement ? Je croyais que tu n'avais pas faim. » Mauvaise idée, elle a retiré la cuisse de poulet qu'elle venait d'enfiler dans son gosier et s'est vexée. « Tu as raison, je ne fais que bouffer. Faut que je me contrôle, je vais devenir une baleine. Je suis grosse, c'est ça ? »… Et après, elle a fait la gueule, puis s'est endormie et a fait la gueule en dormant (si, c'est possible – performance de femme enceinte).

Ce n'est pas tout. Elle fait des bruits bizarres entre la sciatique et le mal de ventre ; j'ai le droit à des cris d'animaux en pleine nuit... Ma copine grogne comme un marcassin et couine comme un petit chien qui se fait marcher sur la patte. C'est ça, Ariane c'est un « marcachien ».

Mais ça, ce n'est rien en fait, on en rigole. Où ça devient l'horreur absolue pour moi, c'est quand ma copine rencontre une autre femme enceinte : c'est quoi votre problème, les filles ? Vous êtes obligées de tout comparer ? Depuis qu'on a annoncé la grossesse et qu'on est plus sereins, je ne savais pas qu'on pouvait parler de ça pendant une heure sans changer de sujet, sans épargner les futurs papas de tous les détails glauques... J'ai bien essayé de lancer un autre sujet.
Moi : « Et sinon, vous avez fait quoi pour les vacances d'été ? »
Femme enceinte : « D'ailleurs, les vacances, ça sera plus pareil, après vous allez voir ! »
Moi : « Ah OK, mais ce n'était pas ma question en fait... »

Entre mecs, on est plus cools. Dès que je dis que je vais être papa, mes potes me regardent en me disant : « Félicitations ! Tu vas voir, c'est génial, mais dors, dors mec » avec un regard entre l'envie et la peur... Pas hyper rassurant pour un truc « génial » !

Je charrie, mais je suis heureux, très heureux. La première échographie a été très émouvante pour moi et je pense que tous les pères ont dû ressentir le même bonheur : cette joie de donner la vie, c'est magique. Après avoir compté avec l'échographe les doigts (on sait jamais, je préfère compter moi-même), je me suis imaginé l'instant où il sera là... Comme je vais t'aimer mon bébé, ça fait si longtemps que je t'attends... J'ai hâte que le ventre de ta maman bouge, j'ai hâte de sentir tes coups de pied sous son abdomen... La moitié de la grossesse est passée et je me languis du moment où l'on sera 3.
Demain, nous faisons la deuxième écho, je suis tellement heureux à l'idée de te revoir enfin... J'espère que tu tiendras de ta mère (pour les siestes uniquement), j'espère que tu seras en bonne santé et que je serai un bon père... En tout cas, je vais tout faire pour. Car ça y est, je vais être papa...

L'accouchement ?
Même pas peur !!!

Enfin !
L'accouchement

Le samedi 20 janvier 2018, Fulgence jouait à domicile, donc chez nous, à Montpellier, contre Leinster. Je ne suis pas allée voir le match, j'étais à terme et loin de moi l'envie de perdre les eaux à la réception donnée après le match, entre les petits fours et les photos officielles… Alors, avec ma copine @fraicheleblog, on a décidé de s'offrir un déjeuner en ville. Le matin, j'avais fait comme ces deux dernières semaines 2 heures de cardio, 1 heure de natation et 1 heure d'elliptique pour faire descendre mon bébé, qui était encore très haut. J'avoue que j'ai dû me faire violence le matin, car j'étais fatiguée des nuits blanches que j'enchaînais à cause des remontées acides… Mais après le sport, je suis toujours détendue, j'ai donc rassemblé tout mon courage et après la séance sportive, je me suis préparée. Il faut dire qu'à 9 mois de grossesse, qui plus est au mois de janvier, on a vite fait de rester en jogging toute la journée…

On a déjeuné chez Neko, un endroit sublime. Je lorgnais les ceviches que je ne pouvais pas encore manger. Allez, plus que quelques jours…

On s'est baladés toute la journée, on a fait des magasins de déco, c'était hyper sympa.

À un moment, engoncée dans mon collant, je dis à Marion : « **J'ai l'impression d'avoir perdu le bouchon muqueux, mais je ne suis pas sûre…** » On décide de s'arrêter pour boire un thé afin que je vérifie.

Bon alors, vérifier quelque chose que l'on n'a pas encore vécu, c'est loin d'être évident, surtout que le terme « bouchon muqueux » est tellement moche que je m'attendais à voir un truc moche de chez moche. Mais rien de cela… Peut-être juste une de ces satanées fuites urinaires de fin de grossesse, mais je ne suis pas sûre.

Je rentre enfin chez moi, vers 17 heures. J'ai en effet un gâteau à préparer pour le lendemain, un layer cake au Kinder Bueno… Mais mon chéri m'appelle pour m'annoncer qu'ils ont perdu et que du coup, on annule le déjeuner de demain, car ils vont s'entraîner.

OK, ça m'arrange, je suis flapie comme une vieille babouche. Je lui raconte pour le bouchon muqueux, je lui dis que si c'est ça, je peux accoucher soit dans 1 heure, soit dans 1 semaine, donc que rien n'est sûr. Je me couche et je mets mon téléphone en mode avion pour éviter que les notifications m'empêchent de dormir.

Dix minutes après, mon chéri essaie de m'appeler pour me dire de faire le gâteau, on ira quand même au déjeuner, mais là, pas de sonnerie, il tombe sur ma messagerie direct. Quand sa femme, à terme, qui vient de perdre le bouchon muqueux mais c'est pas sûr, ne répond pas, forcément ça l'inquiète. Il fonce à la maison en panique, appelle les voisins sur le chemin, qui en sonnant me sortent de ma sieste au bout de 10 minutes à peine. Je suis complètement sonnée par ce réveil, ma fatigue et mon chéri qui arrive et me sonne les cloches d'être aussi inconsciente et de l'avoir affolé, mais bon, il faut que je me réveille, j'ai un gâteau à faire, à fourrer et à décorer.

À 23 heures, je termine enfin mon gâteau Kinder-Nutella-noisettes (celui qui détruit une semaine de régime en une bouchée) et je me traîne péniblement vers les toilettes pour le « dernier pipi et au lit ».

Heu… pourquoi je n'arrive pas à m'arrêter de faire pipi ?

– Chéri, c'est gênant comme situation mais tu peux venir voir mon pipi ? On dirait pas du pipi, mais encore une fois, je ne suis pas sûre…

– BAH NON ! Tu perds les eaux là !

Youpiii ! Après la danse de la joie à l'idée qu'on allait enfin rencontrer Bébé (et que par chance, j'avais perdu les eaux dans les toilettes – mon mec étant maniaque, il flippait pour son canapé), on a suivi à la lettre les indications de la sage-femme : quand on perd les eaux, on a 2 heures pour se rendre à la clinique, donc on a le temps de prendre une petite douche, de vérifier la valise et hop, c'est parti pour la maternité !

Quand faut-il aller à la maternité ?

Vous devez partir à la maternité si vous avez des contractions intenses et régulières toutes les 5 minutes pour un premier enfant, et toutes les 10 minutes pour les accouchements suivants.
Vous devez également vous rendre à l'hôpital si vous perdez les eaux, que la perte soit abondante ou pas. Et bien entendu, en cas de saignement ou si vous ne sentez plus votre bébé bouger, foncez !

La valise pour la maternité

Même si on ne reste que quelques jours là-bas, entre les couches de bébé (et de maman) et le linge de bain, on a besoin de la méga grosse valise.

Pour la salle d'accouchement

- 1 chemise de nuit ou 1 grand tee-shirt (perso, j'ai opté pour un tee-shirt d'homme noir en coton)
- 1 gilet chaud (j'ai pris un sweat zippé à capuche gris)
- 1 paire de chaussettes (de contention pour ma part !)
- 1 brumisateur et des lingettes rafraîchissantes
- 1 baume à lèvres
- 1 bandeau type bandana (sur les photos, c'est toujours plus joli que le cheveu mouillé par la transpiration…)
- De la musique, un livre, des films sur une tablette (ça peut être très, très long… et un chargeur)
- ET VOTRE APPAREIL PHOTO !

Pour Bébé

- 1 body croisé
- 1 pyjama
- 1 paire de chaussettes et des chaussons
- 1 bonnet
- 1 gigoteuse
- 1 couverture
- 1 drap-housse bébé pour le berceau
- Et suivant les maternités, une serviette de toilette, quelques couches

Placez vos affaires pour l'accouchement et celles de Bébé dans un petit sac à part dans votre valise. Cela vous évitera de fouiller ou de tout vider en arrivant en panique à l'hôpital.

Je prépare ma valise pour la maternité : donc je mets autant de couches pour moi que pour mon fils ??... Glamour...

Mon astuce

On ne sait pas quand on va partir pour la maternité, mais on peut prévoir une tenue si jamais on a le temps de prendre une douche et de se changer : un legging, un haut en coton et des baskets, voilà la tenue parfaite. Préférez le haut moulant tout simplement pour faciliter les massages du papa pour soulager la douleur. Perso, j'ai mis une brassière de sport en dessous. À cheval sur mon swiss ball, j'étais hyper bien.

Pour le séjour à la maternité

- 2 ou 3 pyjamas ou nuisettes qui s'ouvrent facilement en cas d'allaitement
- 2 leggings, 2 tee-shirts larges et longs pour cacher les couches
- 2 ou 3 soutiens-gorge d'allaitement
  et des coussinets d'allaitement jetables si vous allaitez
- Des chaussettes (moi j'ai pris des mi-bas de contention pour faciliter le retour sanguin après l'accouchement)
- 1 peignoir (moi je n'en ai pas pris, je trouvais que ça prenait trop de place)
- une vingtaine de slips jetables ou des couches avec des culottes en coton
- une tenue de « sortie » (mon truc ? La robe longue ample en été, la salopette l'hiver. Car il faut cacher son bidou tout mou et si on a des points d'épisio ou une césarienne, on sera contente de ne pas avoir quelque chose qui colle)
- 1 sac pour le linge sale
- 1 sèche-cheveux (pour la coupe of course, et pour l'épisiotomie)

Pour Bébé

- 5 bodys croisés
- 5 pyjamas (en velours, même en été, car Bébé doit être couvert)
- 5 paires de chaussettes
- 2 ou 3 brassières
- 3 langes
- 2 bonnets
- 2 paires de chaussons
- 2 gigoteuses
- 1 doudou

Sans oublier la trousse de toilette

Votre trousse de toilette habituelle en y rajoutant de la crème pour les crevasses aux seins et des couches spéciales maternité, sans oublier un savon pour la toilette intime.

Pour Bébé

- 1 thermomètre (souvent demandé par les maternités)
- 1 thermomètre de bain
- 2 draps de bain
- Des couches
- Du liniment
- Des cotons carrés
- Du sérum physiologique pour les soins des yeux et du nez
- Du savon surgras pour le bain

Et le dossier pour la maternité !

- Votre carnet de maternité ou de surveillance médicale
- Votre dossier d'inscription à la maternité ou votre numéro de dossier
- Une pièce d'identité
- Votre livret de famille ou la reconnaissance anticipée
- Votre carte Vitale
- Votre carte de mutuelle
- Votre carte de groupe sanguin

Heu… il est quand même minuit et demi et j'avoue, je suis complètement crevée… Moi qui me couche d'habitude à 21 heures… Heureusement, les premières contractions arrivent. Elles sont douloureuses mais supportables, alors on fait ce que toutes les femmes font quand elles vont accoucher : on marche, on saute, on monte et on descend les escaliers, je fais du ballon, je me mets accroupie, bref je cherche une position pour être bien et accélérer le travail.

Après plusieurs heures, je suis dilatée à 4 et la pupille de Fulgence à 5 – je vous rappelle qu'il vient de jouer un match de rugby… Alors je lui dis de dormir, ça sert à rien qu'on soit deux à rester éveillés et surtout, il faut qu'il assure quand mon fils sera là, pour prendre de jolies photos ! Je ne ferme pas l'œil de la nuit et à 11 heures du matin, le verdict tombe : je ne dilate plus, le bébé n'est plus protégé. On me met sous antibiotiques et si les contractions restent espacées, on viendra m'injecter un produit pour accélérer le travail, à la demande de ma super gynéco.

À 13 heures, je reçois l'injection pour accélérer les contractions. Je rentre en salle de travail à 16 heures et à 17 heures, on me propose la péridurale. Franchement, je souffre, mais c'est supportable. Mais je suis fatiguée, car je suis réveillée depuis 35 heures maintenant et je sais qu'avec la péri je vais pouvoir dormir un peu et prendre des forces pour l'expulsion. OK, go pour la péridurale. Un interne rentre en salle d'accouchement. Il a 15 ans, enfin il fait 15 ans ou alors c'est un génie qui a eu son bac à 11 ans… Bref, il fait jeune et ça ne rassure pas vraiment mon mec, qui sort d'ailleurs, ainsi que les sages-femmes et ma gynéco, le temps qu'il me pique.

Eh bien, vous savez quoi ? Ce jeune médecin a des doigts de fée, je n'ai rien senti, pas une piqûre ou douleur, rien, comme s'il n'avait rien fait. En revanche, je sens toujours les contractions, fortes, nombreuses comme s'il n'avait rien fait. Je préviens le staff médical de l'arrivée des contractions, car je les sens toujours, c'est normal ?

Non, c'est pas normal… Je le comprends en entendant ma gynéco passer un savon au jeune anesthésiste : je n'ai rien senti, car il m'a en réalité mal piquée, il faut donc reposer une péridurale.

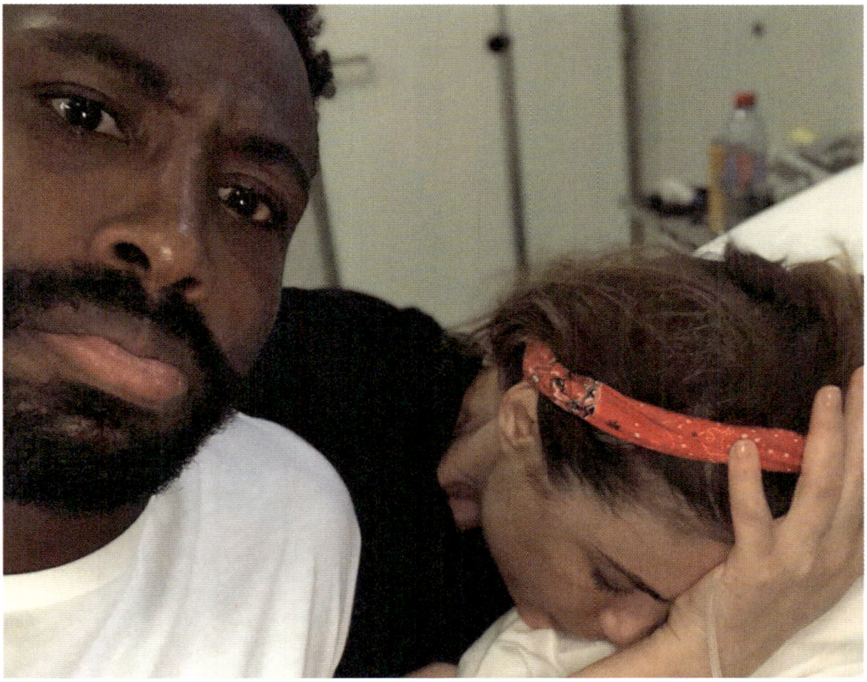

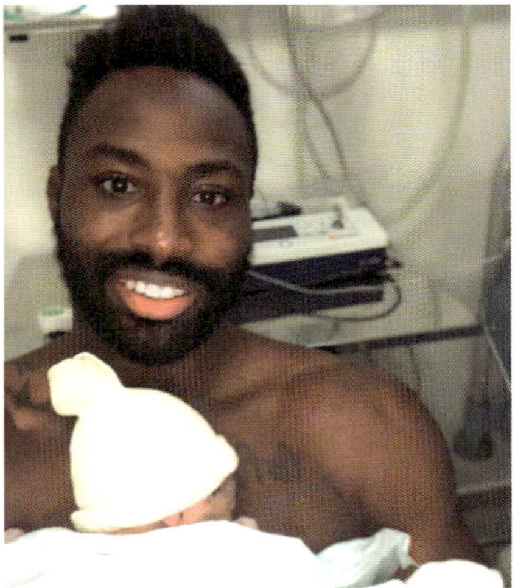

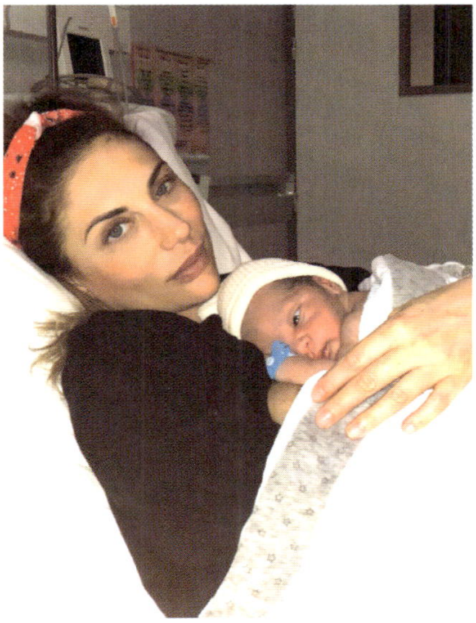

Après 1 seconde de réflexion, je refuse catégoriquement. Je suis si crevée que j'ai une peur bleue de m'endormir et de ne pas pouvoir ouvrir les yeux pour voir les premières secondes de l'arrivée de mon fils. On va faire sans, mon mec va me coacher, on va le faire en équipe. Aujourd'hui, je peux me dire que j'ai bien fait, car c'était génial, vraiment génial. Je prévenais de l'arrivée de mes contractions et toute la salle s'enflammait en criant « Allez, vas-y, pousse… ! » Je sentais mon fils descendre dans mon ventre, je l'imaginais lutter, souffrir, alors je n'avais pas le droit de flancher.

Quand la tête est apparue, ma gynéco m'a demandé si je voulais sortir mon fils, mais je n'avais qu'une peur, celle de lui mettre les doigts dans les yeux donc j'ai refusé et quand elle a proposé à mon conjoint de le faire, j'ai crié de tout mon être « Noooooon ! » J'avais trop peur qu'il fasse pareil et qu'il me voit écartelée comme un poulet en crapaudine !

Le 21 janvier, à 19 h 52, mon Fils est né. Il mesurait 49 cm et pesait 3,450 kg. Il n'a pas pleuré immédiatement (ce qui m'a stressée) et était d'une beauté incroyable. On dit souvent que les nouveau-nés sont laids, mais mon fils était parfait… Mais rose, ce qui a un peu mis mal à l'aise le papa.

Ces quelques secondes de peau à peau furent comme suspendues dans le temps… Puis le pédiatre, avec le papa, a vérifié que tout allait bien. Quand Fulgence a vu que le corps de son fils était criblé de taches bleues ressemblant à des hématomes, il était un peu paniqué… En réalité, ces taches sont des taches mongoloïdes, ou taches de métissage.

On l'a ensuite habillé pendant qu'on me recousait comme une dinde farcie de Noël (beaucoup de références volaille, me direz-vous) et c'est le papa qui a fait le premier et long peau-à-peau. C'était important pour moi que mon conjoint puisse en profiter autant que moi. Ça a été et ça sera le point d'orgue de tout : le partage… J'ai la chance d'être avec le papa de mon fils et qu'il souhaite s'impliquer, alors depuis ce 21 janvier 2018, nous sommes 3. Trois fois plus fort.

J'ai toujours essayé de ne pas m'isoler avec mon fils. Je veux qu'on forme une tribu et c'est ainsi que j'ai envisagé l'allaitement. Mon conjoint voulait participer, alors dès le premier jour, j'ai demandé à la sage-femme de tirer mon lait afin qu'il puisse donner le biberon. Elle m'a répondu : « Vous n'avez pas encore de lait, c'est du colostrum. » Je pense que je voulais tellement que mon conjoint puisse vivre cela que j'ai eu du lait le soir même ! La magie du corps…

Je pense que si j'ai un autre enfant, j'essaierai là encore d'impliquer le papa au maximum, d'autant plus qu'on a moins de temps à nous pour savourer la grossesse quand on est déjà parent. Moins de temps aussi pour les massages, l'haptonomie ou juste pour sentir bébé bouger… Et puis mon compagnon ne pourra pas rester avec moi à la maternité, car il devra s'occuper du plus grand. Mais je ferai tout ce qui est possible pour que cette aventure, on la vive ensemble.

Voilà les filles, je crois que je peux dire que j'ai adoré accoucher, beaucoup plus qu'être enceinte. Alors à toutes celles qui ont peur, sachez qu'il n'y a rien de plus grandiose dans la vie d'une femme.

Le premier jour du reste de notre vie

Le truc positif
dans l'allaitement,
c'est que le volume
de mes seins
cache celui
de mon ventre...

Allaiter… ou pas

Avec la question « Tu as pris combien de kilos ? », « Vas-tu allaiter ? » est l'autre question préférée des gens quand tu es enceinte. Soit deux questions qui te font culpabiliser quelle que soit la réponse que tu donnes. Car non, toutes les femmes ne prennent pas juste les 9 kg conseillés pendant la grossesse et non, ce n'est ni bien ni mal d'allaiter, il faut surtout faire ce que l'on sent ! Car même si votre lait est le meilleur aliment pour votre bébé, la décision d'allaiter ou de ne pas allaiter doit venir de vous et de vous seule. Alors arrêtons de culpabiliser celles qui ne veulent pas allaiter ! C'est leur choix, et leur bébé ne sera pas plus faible parce qu'il sera nourri au lait maternisé, c'est faux, il y a des milliers de contre-exemples.

Pour ma part, j'ai allaité parce que j'en avais envie et que cela fonctionnait bien. Pour autant, je ne suis pas de celles qui adorent cela, je me suis dit que c'était bien pour mon fils et surtout, j'étais curieuse de voir mon corps se transformer en garde-manger…

Car il faut l'avouer, quand on allaite, on devient un peu un réfrigérateur sur pattes, à la disposition de Bébé, jour et nuit, et au moins toutes les 2 heures pour ce que j'en ai vu.

Alors l'allaitement, bien ou pas bien avec le recul ?

- C'est vrai que les soutiens-gorge d'allaitement sont anti-sexe, que les seins sont énormes et souvent douloureux, que le tire-lait nous fait sentir comme une vache laitière, que du lait coule entre deux tétées… Oui, les montées de lait tachent ton tee-shirt. Malgré cela, l'expérience m'a charmée. Je trouve que le corps est définitivement magique.

- Mon bébé ayant un reflux, j'ai dû beaucoup tirer mon lait et y rajouter un épaississant. Du coup, le côté pratique de l'allaitement, sans rot ni préparation de biberons, je ne l'ai pas trop vu.

- Après, allaiter permet de remettre les organes à leur place plus vite, car cela crée des contractions de l'utérus.

- Pour ce qui est de perdre du poids plus vite quand on allaite, attention aux généralités. Si vous avez pris beaucoup de masse grasse pendant la grossesse, le corps s'en servira pour la fabrication du lait ; si comme moi vous avez peu de masse grasse, le corps en fabriquera (eh oui, à moi la cellulite et le gras après l'accouchement alors qu'enceinte mes jambes étaient fuselées ! On me l'avait dit…).

- Allaiter, ça donne faim… hyper faim ! Je pourrais manger un sanglier ! Bon, encore faudrait-il en trouver un, avoir un four suffisamment grand et aimer ça… Ce qui n'est pas mon cas ! Mais ce que je veux dire, c'est qu'allaiter m'ouvre l'appétit et que je dévore après chaque tétée. Alors justement, comme je ne peux pas réduire mon appétit, je fais attention à ce que je mange. Le but est de stimuler la lactation, d'apporter le maximum de vitamines à Bébé, pas de trop grossir… Car même si on a faim et qu'on brûle des calories, Bébé n'a pas besoin d'engloutir un pot de Nutella ! À la maternité, la nutritionniste m'a conseillé le fenouil, l'avoine et les fruits secs pour favoriser la lactation, et les légumes cuits pour faire le plein de vitamines. Je mange aussi beaucoup de poisson pour les oméga 3. Enfin, mon mec m'a acheté un super cuit-vapeur et un appareil pour faire des soupes : quand il s'agit de la santé de son fils, il ne lésine pas du tout ! Ainsi, je dévore mes produits healthy le tout arrosé à l'Ovomaltine (que je mélange avec de l'eau pour éviter de m'envoyer 2 l de lait par jour – pas très digeste pour bébé), car j'ai entendu que le malt qu'il contenait était bon pour la lactation…

Verdict : les filles, même en mangeant comme cela, donc en mangeant bien, je n'ai pas retrouvé mon poids d'avant et mon corps est bien différent d'avant la grossesse. D'accord, je rentre dans mes jeans, mais j'y suis rentrée toute ma grossesse (vive les jeans Zara taille basse !), donc il n'y a pas de quoi se vanter !

Il faut du temps pour tout… et ne pas hésiter à se faire conseiller ! J'avoue que je ne sais pas combien de calories il faut ingérer quand on est une femme allaitante. Je sais en revanche que je ne peux pas reprendre le sport avant 6 semaines et ma rééducation.

Que faire avec mes besoins moindres mais une faim importante ? Pas très pratique !

Alors, j'ai fait appel à une nutritionniste, car entre ce qu'on entend et ce qui est vrai, il y a souvent un océan.

Ce qu'il faut manger pour faire du bon lait

Le bébé puise dans les réserves de la maman, il faut donc s'alimenter correctement afin de répondre à tous les besoins du bébé.
Pour avoir un lait complet, il est important d'avoir une alimentation équilibrée et diversifiée, riche en calcium, fer et vitamines, et de boire suffisamment (1,5 l d'eau par jour).

Au menu :

- 3 ou 4 produits laitiers par jour – lait, yaourt, fromage (emmental, cantal, beaufort, comté) pour l'apport en calcium
- De la viande pour l'apport en fer (volaille et viande rouge)
- Des poissons gras pour l'apport en oméga 3 (au moins un repas par semaine). Cependant, varier les espèces et éviter les prédateurs comme l'espadon, le marlin, le siki, en raison du risque de contamination aux métaux lourds
- Des huiles (colza, lin, noix) crues pour leur richesse en oméga 3
- Des fruits et légumes, indispensables pour l'apport vitaminique, mais attention à l'excès, car les fruits apportent beaucoup de fructose (sucre simple). Attention aussi aux légumes au goût prononcé qui peuvent donner un goût différent à votre lait (le fenouil, par exemple)

Quelques « toxiques » à éliminer :

- Éviter la prise de boissons alcoolisées
- Éviter de consommer trop de boissons contenant de la caféine (pas plus de 3 cafés par jour, après la tétée et éloignés de 2 heures avant la prochaine mise au sein)
- Supprimer s'ils ne sont pas nécessaires les produits enrichis en phytostérols, notamment la margarine (principe de précaution)
- Éviter la consommation de compléments alimentaires contenant des phytoestrogènes et limiter ceux à base de soja

Combien de calories consommer par jour ?

Chaque maman est différente. Afin de déterminer le nombre de calories nécessaires, le mieux est de faire une étude personnalisée, même si on ajoute généralement aux besoins naturels 500 kcal environ pour la synthèse du lait, soit un total de 2 500 à 2 600 kcal par jour.

Manger suffisamment pour Bébé, oui mais si on peut ne pas prendre trop de kilos, ça serait sympa…

Le retour au poids antérieur à la grossesse, après l'accouchement, allaitement ou pas, doit se faire progressivement : il faut 9 mois pour faire un enfant, il en faut tout autant pour que le corps s'en remette, alors pas de panique !

Pour donner de bonnes habitudes alimentaires à l'organisme pendant l'allaitement et ainsi lui permettre d'éliminer plus sereinement après, il est important de structurer les journées avec au moins 4 ou 5 prises alimentaires : petit déjeuner, collation, déjeuner, collation, dîner.

Exemple de composition du repas pour le déjeuner et le dîner

- 1 portion de féculents, complets de préférence, pour l'apport en fibres (riz, pâtes, quinoa, lentilles, petits pois, pois chiche, maïs, pomme de terre)
- 1 portion de légumes (carotte, courgette, aubergine, salade, betterave)
- 1 portion (de 50 à 100 g) de viande (poulet, dinde, bœuf, porc), poisson (saumon, sardines…) ou œuf
- 1 produit laitier (lait demi-écrémé, yaourt, fromage) 1 fois par jour
- 1 fruit, cru de préférence, pour l'apport en fibres

Voilà les bases d'une alimentation équilibrée, à adopter. Puis, pour perdre du poids, une simple réduction de ces apports variés et la reprise d'une activité physique seront nécessaires en fin d'allaitement.

Le sevrage

J'ai arrêté d'allaiter mon fils au bout de 2 mois, car j'ai dû faire un vaccin contre la fièvre jaune pour un tournage et la reprise de l'allaitement après est déconseillée. J'avoue avoir eu un petit pincement à l'arrêt de l'allaitement, je crois que j'aimais me sentir indispensable pour mon fils…

Très vite, les montées de lait se sont arrêtées, les seins ont dégonflé et sont tombés. Oui, entre nous, ça ne fait pas du bien à la poitrine sauf si on aime les babouches.
Vous voyez un soufflé au fromage qu'on découpe ? Bah ça fait pareil…

Les hommes et l'allaitement

Il y a deux écoles : les hommes qui trouvent que l'allaitement c'est beau ; et ceux qui au contraire n'aiment pas trop le concept.

Première école

Quand vous allaitez, pour le papa, c'est quand même hyper pratique les premiers temps. Même si certains se sentent un peu laissés de côté, l'allaitement permet à la majorité d'entre eux de garder une vie pratiquement identique à leur vie d'avant-bébé. C'est d'ailleurs fréquent d'entendre un papa dire « Notre bébé fait ses nuits » et de nous entendre ajouter : « Ah non, TU fais tes nuits, mais Bébé toujours pas, et moi non plus d'ailleurs. »

Seconde école

Si certains trouvent l'acte magnifique, pour d'autres, votre poitrine est un attribut sensuel, sexuel, et la voir se transformer en distributeur de boisson les gêne un tant soit peu. Ils peuvent même éprouver de la jalousie tant ils se sentent exclus de ce lien charnel que vous créez avec Bébé…

Tu sais que dans certains pays, les hommes allaitent ? Tu pourrais me remplacer...
Et toi, tu pourrais ?

Une chose est sûre : c'est vous qui devez décider de choisir d'allaiter ou non. Le choix vous appartient, à vous seule, car ce n'est pas le papa qui va s'en charger, ou le faire pour vous. Quoique…
Saviez-vous que les hommes peuvent allaiter ? Ça paraît fou, ça semble même un peu dégoûtant et pourtant… Plusieurs cas ont été recensés dans le monde.
Chez les femmes, c'est la prolactine (une hormone produite notamment lorsque la femme accouche) qui met en route la laiterie. Chez les hommes, la dopamine inhibe presque systématiquement la production de prolactine et empêche le circuit nourricier de fonctionner. Pour que la lactation des mâles puisse survenir, il suffirait de modifier chez eux le taux de dopamine. Il arrive d'ailleurs que certains désordres ou traitements hormonaux produisent cet effet : des cas de lactogenèse mâle ont ainsi été observés chez des hommes âgés de 62 et 64 ans qui, au cours de leur chimiothérapie, se seraient mis à produire des quantités de lait importantes et prolongées. Et ce ne sont pas des cas isolés.

Le plus célèbre est celui d'un Sri-Lankais. En 2002, sa femme meurt en couches, laissant au monde une petite fille de 18 mois et un nouveau-né orphelin. Les deux enfants refusent de boire du lait de vache. « Elles le rejetaient chaque fois que je les nourrissais au biberon, raconte Wijeratne. Alors, incapable de supporter leurs cris, je leur ai offert ma poitrine et je me suis aperçu que je pouvais les nourrir. »

David Livingstone, voyageur et explorateur, avait déjà relaté une histoire très similaire dans ses mémoires : vers 1858, en Écosse, l'épouse d'un homme ayant été mise à mort, elle avait laissé au monde un petit garçon qu'il semblait impossible à sevrer. L'enfant mourait de faim. Dans son désespoir extrême, l'homme mit son fils à la poitrine et constata avec stupeur que sa poitrine produisait du lait. À la même époque, le naturaliste allemand Alexander von Humboldt affirmait avoir vu de ses propres yeux, en Amérique du Sud, un père de 32 ans nourrir son enfant au téton pendant la maladie de sa femme.

Alors les filles, si nos mecs y mettent un peu du leur, peut-être qu'ils pourraient prendre le relais une journée ou deux ? Lancez le débat pour voir !

WC
Mon séjour à la maternité : le pied !

Home sweet home : le retour à la maison

J'ai adoré mon séjour à la maternité : les sages-femmes étaient formidables, je passais mon temps à dormir avec mon fils en l'observant dans son berceau en plastique, bref c'était génial. Bon, pour mon mec, qui se cassait le dos sur le lit de camp, ce n'était pas aussi idyllique.
Et puis mon conjoint n'a pas eu de congé paternité, il partait donc tous les matins s'entraîner, me laissant en tête à tête avec les visites…

Et **les visites, c'est vraiment le truc le moins sympa de la maternité**. Moi qui adore voir du monde, là, je me sentais louve avec mon bébé tout petit à protéger, la fatigue accumulée et le manque d'intimité pour allaiter. Je n'ai jamais pu allaiter en public, je le faisais uniquement devant mon chéri, ma maman et ma sœur, et quelques amies filles…

Et puis, fraîchement débarquée à Montpellier, les visites étaient surtout celles d'amis de mon chéri. Compliqué de leur dire : « Vous venez d'arriver, mais vous pouvez dégager ? » Surtout quand Fulgence n'était pas là…

Je me rappelle la visite d'un de ses potes qui m'a dit en regardant mon ventre encore gonflé : « Mais ça va rester gonflé longtemps ? Tu n'as pas peur que ça reste ? » Alors non, je n'ai pas fait de baby-blues, mais j'avoue avoir eu la gorge serrée après son départ. J'étais tellement dans la contemplation de mon fils que je n'avais pas pensé à me regarder le nombril (qu'on ne voyait pas dans les plis, de toute manière).

Alors les filles, un conseil : les visites à la maternité, sauf bien sûr si vous en ressentez le besoin, évitez. À la maison, vous serez seule et là, vous serez contente de voir des gens. De mon côté, seule ma maman a pu venir me voir. Quand elle a su que je perdais les eaux à 23 heures, elle a pris un train le lendemain, et j'étais heureuse qu'elle soit à mes côtés.

Mais la vraie vie de parent commence réellement quand on arrive chez soi. Car après 5 jours passés à la clinique, on rentre…

J'ai toujours pensé que je pleurerais en voyant mon fils pour la première fois ou que mon conjoint verserait des larmes, lui qui ne pleure jamais, quand il porterait son fils pour la première fois… Eh bien non. En termes d'océan, c'était plutôt de joie, mais pas de larmes.

Pourtant, ce jeudi 25 janvier 2018, quand nous avons quitté la maternité après avoir emballé notre bébé comme une paupiette de veau pour l'installer dans son siège auto, je n'ai pas pu contenir mes larmes. Rassurant, mon mec m'a dit : « Tu sais, mon cœur, ça va bien se passer à la maison. » Mais ce n'était pas ça : « Je n'ai pas peur du tout. Je pleure car j'ai tellement fantasmé ce moment, ça fait tellement de mois que le siège auto trône dans le salon, tellement de temps que j'imagine mon fils dedans, que je le rêve dans mes bras, que je m'entraîne avec ce siège auto… Et là, j'ai tout oublié ! » Mon mec a dû être ému, car il m'a fait un bisou. Et puis il m'a dit : « Allez Micheline, c'est une nouvelle vie qui commence ! »

Se faire aider de retour chez soi

Une sage-femme pourra se rendre à votre domicile dans les jours qui suivent votre sortie de la maternité. Elle pèsera votre enfant, vérifiera votre état de santé, répondra à toutes vos questions si vous en avez, et vous aidera à mettre en route votre allaitement ou votre nouvelle vie avec Bébé.

À la maison, tout était prêt pour lui réserver le meilleur des accueils, comme si on attendait la visite d'un chef d'État. On était même à deux doigts d'accrocher la guirlande « Welcome home ! », mais pas sûr que notre fils sache déjà lire l'anglais. Alors, pour éviter de le mettre mal à l'aise, on s'est abstenus.

J'avais entendu que l'on pouvait être paniqué à l'idée de rentrer chez soi et de se sentir seul, mais nous, on était heureux, on allait prendre nos marques. Car c'est au bout de quelques jours seulement qu'on a plus facilement compris ce qu'il aimait ou pas. Moi, je me pose toujours beaucoup de questions – souvent inutiles d'ailleurs – et j'ai bien compris que j'étais la plus stressée de nous deux. Pour autant, notre merveille a semblé se plaire dans sa maison, qui du coup, est devenue son royaume. Parc, siège bébé, coussin d'allaitement, sèche-biberon et j'en passe… On se croirait chez un revendeur Orchestra !

Voilà, notre vie a changé et s'est vite articulée autour de notre fils, entre les tétées, les changements de couche et les régurgitations. Du bonheur quoi ! Car ce petit être qui ne fait que dormir, manger et déféquer est la chose la plus merveilleuse que cette planète m'ait donnée. Même si depuis, je ne dors plus.

Voilà mon fils, tu es chez toi...
Tu crois qu'il va aimer la déco ?

Le syndrome du bébé secoué : une réalité encore taboue

S'il y a bien quelque chose d'important à lire dans ce livre, c'est ce paragraphe. On peut rire de tout… sauf d'un bébé secoué. Vous découvrirez que cela n'arrive pas toujours qu'aux autres.

Devenir parent, c'est angoissant évidemment, c'est l'expérience la plus folle d'une vie. La plus belle pour ma part. Mais souvent, **on a tendance à éviter de parler des choses qui font peur, et donc à cacher ce qui pourtant me semble indispensable à dire.**

Avant de devenir maman, je fantasmais sur le jour où je tiendrais enfin mon bébé dans les bras. Mais je ne faisais pas partie de ces femmes qui ont toujours évolué avec des enfants autour d'elles. Par exemple, je n'ai ni neveux ni nièces, je n'ai jamais fait de baby-sitting, je n'avais même jamais changé une couche avant celles de mon fils. Alors les drames qui ont lieu durant la petite enfance, je n'en avais jamais entendu parler.

À la maternité, je me suis rendue au cours proposé sur la sécurité des bébés. On nous a bien expliqué qu'il ne fallait jamais laisser la combi-pilote, une couverture ou le manteau de bébé dans le siège auto ; on nous dit de le faire dormir sur le dos uniquement, dans sa gigoteuse, et d'enlever de son lit tout ce qui pourrait l'étouffer. Car on apprend qu'un nouveau-né vient se lover contre les parois pour se rappeler le ventre maternel ; or il n'a pas le réflexe de se dégager s'il s'étouffe.
C'était d'ailleurs ma grande peur lorsque j'allaitais et que je finissais par m'endormir avec mon fils dans les bras, j'avais peur qu'il s'étouffe entre mon sein et mon aisselle. C'est pour cette raison que je n'ai jamais pratiqué le cododo, car la sage-femme avait vraiment insisté sur le danger et le nombre de bébés écrasés par leurs parents durant leur sommeil.
Enfin, elle nous a parlé du risque de noyade et de l'importance de surveiller Bébé chaque seconde dans son bain.
Un cours plutôt complet donc, même si elle ne nous a jamais parlé de bébé secoué. Ni elle ni personne... Personne avant Maya, qui m'a raconté son histoire, son combat.

L'histoire de Maya, c'est celle de son petit Erwan, qui a été secoué alors qu'il était bébé par une tierce personne. Erwan est toujours en vie malgré des séquelles. Maya se bat aujourd'hui pour alerter sur les conséquences de cet acte cruel envers des êtres sans défense.

Chaque année, plusieurs centaines de bébés sont victimes de cette forme de maltraitance. Un fléau qui conduit à la mort de 1 bébé secoué de moins de 1 an sur 5. Des chiffres sûrement en dessous de la réalité puisqu'ils n'intègrent que les enfants conduits à l'hôpital. Quant à ceux qui survivent, ils en gardent des séquelles souvent irréparables (lésions du cerveau entraînant des déficiences mentales et motrices).

Il faut bien comprendre que secouer un bébé ne le fait pas s'arrêter de pleurer. Comme il est conseillé, si on ne supporte plus les pleurs du bébé, il faut le coucher sur le dos dans son lit, sortir de la pièce et se faire aider.

Je n'aurais jamais pu secouer mon bébé mais je vais avoir 40 ans et je suis plutôt calme, posée. Avec lui, je ne m'énerve pas, je suis d'une douceur absolue, car j'ai peur de lui faire du mal. Il est vrai que mon fils est facile...

Mais si j'avais été plus jeune ? de nature plus fougueuse ? Si mon bébé pleurait jour et nuit et que je ne dormais pas depuis des semaines, est-ce que j'aurais pu l'attraper par les épaules, les aisselles, en lui criant « Arrête de pleurer ! » et en le secouant comme on veut le faire pour que quelqu'un retrouve la raison ?

Non, c'est impossible, c'est mon fils, ma chair… Surtout aujourd'hui, ayant pris connaissance de ce syndrome…

Mais pourquoi je ne le connaissais pas avant ? **Pourquoi personne ne m'a dit, averti que, après l'accouchement, tu peux ne pas dormir pendant des jours, que Bébé pleure beaucoup et que tu es à bout, fatiguée comme jamais tu l'as été auparavant…** Alors les filles, si vous sentez que vous pétez un plomb, posez votre enfant en sécurité dans son lit et sortez de la pièce. Un bébé n'est jamais mort parce qu'il pleurait ; en revanche, le secouer peut le tuer.

Pourquoi, au même titre que tous ces dangers dont on m'a informée, on ne m'a pas parlé de « pétage de plombs » ? Une situation pourtant plausible après l'accouchement, où l'on subit manque de sommeil et chute d'hormones…

On m'a bien parlé de baby-blues, un phénomène que j'associais à une grande tristesse mais pas à l'énervement.

Aujourd'hui, je me dis que certaines femmes peuvent être à fleur de peau, certaines nounous aussi. Ces dernières ne sont pas toujours formées sur le sujet – ce n'est pas systématique – et quand elles le sont, il n'y a pas toujours de suivi. Alors pourquoi les mamans ne seraient-elles pas formées sur le syndrome du bébé secoué ? ou au moins davantage informées ?

Il faut rappeler qu'il n'y a que 1 % de cet acte qui est commis par une mère. Souvent, ce sont les papas qui sont responsables. Il faudrait donc également que les papas soient informés, formés, par leur compagne mais surtout par le corps médical, sur les gestes à éviter quand on devient parent. Il faudrait qu'il y ait une véritable prise de conscience.

Mon conjoint, lui, connaissait le syndrome du bébé secoué. Il est vrai qu'il a évolué avec des enfants autour de lui, ça lui a d'ailleurs semblé fou que je n'en aie jamais entendu parler.

Comme quoi, rien n'est forcément évident. Il faut toujours oser dire les choses, demander, même si on a l'impression parfois d'embêter les gens. Il vaut mieux prévenir plusieurs fois quelqu'un qui sait déjà plutôt que de ne rien dire à quelqu'un parce qu'on suppose que c'est évident qu'il sait.

C'est le lendemain, en pleurs après avoir entendu le témoignage de Maya, que je suis allée voir ma sage-femme pour lui demander pourquoi il n'y avait pas d'affiche de prévention sur les bébés secoués dans son cabinet, alors qu'on voit sur les murs toutes ces jolies affiches sur la vie rêvée d'une maman avec son bébé. Une affiche criante de réalité et d'horreur sur le bébé secoué m'aurait plus marquée ! Elle m'a répondu que pour elle, c'était évident qu'il ne fallait pas secouer un bébé. Moi je ne suis pas du même avis, et je crois que d'autres mamans pensent comme moi.

Depuis ce jour, cette cause me bouleverse. Je pense souvent à ces mamans stressées à l'idée de laisser leur bébé à garder, a fortiori si elles ont déjà connu cette mésaventure avec une tierce personne. Elles ont sûrement une force que je n'ai pas. Quand je pense à Maya, quand je l'écoute, j'ai une profonde admiration pour elle.

Comment ne pas avoir envie de tuer la personne qui fait du mal à son enfant ?

Voici son témoignage.

Témoignage

Maya, maman d'un bébé secoué

Avant, j'aurais dit que j'étais capable de tuer pour mon enfant. Maintenant, je peux dire que je suis capable de combattre mon envie profonde de passer à l'acte, toujours pour mon enfant. Par amour et pour la protection de nos enfants, nous sommes capables de tout, et surtout de nous surprendre nous-mêmes. Là réside l'une des plus grandes forces d'une maman.

Mon petit garçon est une victime de plus du syndrome du bébé secoué. Violemment secoué à deux reprises à l'âge de 6 mois et demi, il a failli en perdre la vie. C'est ce qu'on m'a annoncé à l'hôpital, avant qu'un neurochirurgien l'opère en urgence et nous offre à tous une seconde chance de vivre. C'est ainsi qu'équipé d'un petit tuyau à l'intérieur de son corps, une dérivation sous-duro-péritonéale, mon petit garçon a pu commencer le reste de sa vie. Une vie qui ne sera jamais celle qu'il aurait dû avoir, parce qu'il s'est retrouvé entre les mains d'un adulte qui n'a pas su se contrôler.

S'attarder sur son bourreau n'aurait aucun intérêt, cette personne ne mérite pas plus qu'on parle d'elle qu'elle ne mérite de vivre. Ce qui compte à mes yeux plus que tout, c'est de parler du syndrome du bébé secoué, d'informer et de prévenir chaque maman, chaque papa, chaque « gardien d'enfant(s) » de ce que quelques secondes de perte de contrôle d'une extrême violence peuvent avoir comme conséquences sur un petit être sans défense, au commencement de sa vie.

J'aurais aimé entendre parler du syndrome du bébé secoué plus tôt dans ma vie de femme, avant d'être maman, avant que mon enfant vienne au monde, ou encore avant de le confier à une tierce personne ; et bien que je sache qu'un nourrisson est fragile, qu'il faut prendre soin de sa tête et de ses cervicales durant les premiers mois de sa vie, je ne savais pas ce que signifiaient ces trois lettres : SBS. Je l'ai appris trop tard, avant d'avoir pu en parler librement avec les personnes en contact avec ce que j'avais de plus cher, avant qu'il ne devienne une victime de cet acte de maltraitance encore trop tabou. Je l'ai appris lorsqu'on m'a informée que pour sa protection, sur décision du tribunal, on allait me le retirer et le placer. C'est aussi ça, le SBS, devoir vivre dans un cauchemar permanent, se faire retirer son enfant et en être privée dans les moments les plus difficiles de son existence, être soupçonnée

d'avoir commis cet acte horrible, être en mesure de ne pas céder au désir de vengeance, devoir se battre sans relâche pour nos enfants en vivant dans la crainte permanente de leur avenir incertain.
Voyez-vous, le cerveau d'un nourrisson est en plein développement les premiers mois de sa vie. La violence des secouements que subit le bébé victime du SBS est telle que son cerveau est violemment propulsé sur les parois de la boîte crânienne et cela provoque des lésions de celui-ci et des saignements à l'intérieur de la boîte crânienne. Les lésions du cerveau sont irréversibles, il n'y a donc aucun retour en arrière possible. Pensez-vous que ne pas supporter les pleurs d'un bébé vaille la peine de le condamner à mourir ou à vivre avec des handicaps toute sa vie ? Il n'y a aucun bébé victime du SBS qui grandira sans séquelles, chaque enfant est différent et chaque cerveau l'est également. Pour autant, les séquelles sont bien présentes, et plus sournoisement, elles n'arriveront que quelques années plus tard, dans certains cas. Voilà pourquoi l'avenir d'un bébé victime de secouements est incertain, lorsqu'il n'est pas prisé immédiatement.
Et notre avenir en tant que parents ? Comment vivre quotidiennement avec la haine en colocataire ? Comment se remettre d'un drame si horrible ? Comment oublier le placement de notre bébé et les horreurs entendues et vécues en garde à vue ?
Pour ma part, j'ai choisi de ne pas vivre dans la pénombre, j'ai choisi de donner du sens à l'horreur vécue en tentant de protéger d'autres enfants. Pour le mien, il est trop tard, mais peut-être est-il encore temps pour le vôtre ?
J'ai rejoint l'association Tatiana – Soutien, Prévention, Syndrome « Bébé Secoué » – et ensemble, nous nous battons pour protéger les enfants de cet acte de maltraitance ; ensemble, nous effectuons de la prévention auprès de tous, et ensemble, nous venons en soutien aux familles de victimes, tant sur l'aspect psychologique que juridique. Chaque mois, je prends la parole lors de webconférences pour vous informer et vous donner les tenants et les aboutissants du SBS.
L'association Tatiana a mis en place une permanence téléphonique accessible 24 heures/24 et 7 jours/7 (0 805 82 00 82) tenue par les bénévoles pour venir en soutien aux victimes et à leurs proches, mais également pour aider des personnes dans le besoin, seules et isolées,

et peut-être exaspérées par les pleurs d'un bébé et prêtes à commettre sans s'en douter un geste d'une extrême violence sur un bébé.
Nous réalisons de nombreuses actions de prévention à travers la France, à hauteur des moyens que nous avons pour le faire, mais avec la force et la ténacité qui nous animent pour protéger tous les enfants de ce fléau. Un enfant n'est jamais mort parce qu'il a été mis en sécurité dans son lit quelques minutes, le temps que l'adulte reprenne le contrôle de ses émotions. Cependant, beaucoup trop d'enfants meurent de la violence infligée par un adulte qui n'a pas osé demander de l'aide, qui n'a pas su prendre conscience de ses propres limites avant de commettre cet acte irrémédiable d'une extrême violence. Demander de l'aide ne fera jamais de vous un mauvais parent ou un mauvais « gardien d'enfant(s) », cela permettra de protéger des vies : celle d'un enfant qui n'a rien demandé et pour qui les pleurs sont le seul moyen d'expression ; la vôtre en vous empêchant de commettre l'irréparable.
Si vous souhaitez en savoir davantage, rendez-vous sur le site internet de l'association, **www.tatiana-syndromedubebesecoue.com**, et retrouvez-nous sur **Facebook**, **Instagram** et **LinkedIn**.

Dormir comme
un bébé ?
Quelle expression
de ...

Dormir comme un bébé…

Beeelle nuit, douuuce nuit… Tu parles ! Enceinte, on me répétait sans cesse de me reposer ! Malheureusement, enceinte, surtout le dernier mois, on est incapable de dormir. Moi qui d'une manière générale ne dors pas beaucoup, je me disais que je gérerais bien la venue de Bébé. Et puis de toute façon, on ne stocke pas du sommeil ! Alors à quoi bon me reposer…

Eh bah, vous savez quoi ? Je me suis trompée sur toute la ligne : je suis crevée, les nuits blanches ont gagné ! Et quand j'arrive à dormir ne serait-ce qu'une demi-nuit dans la semaine, je me sens en super forme, cela m'aide beaucoup !

Comme beaucoup de nouveau-nés, mon fils se réveillait la nuit. Il est resté longtemps au rythme de mon ventre et à 3 semaines, il a eu une phase de croissance importante et a donc eu besoin de téter toutes les 2 heures… Sachant qu'il reste 1 h 30 sur moi à téter, je vous laisse faire le calcul, je n'ai que 30 minutes pour me rendormir entre chaque tétée. Sauf qu'une fois la tétée terminée, il faut que je tienne mon bébé bien droit pour le faire roter, car il a des problèmes de reflux. Alors d'après vous, combien de temps j'ai dormi par nuit ? Oui, en écrivant ça, je suis d'accord, ça ressemble à un problème de maths… **Même si cette matière n'était pas votre fort à l'école, vous avez compris que mes nuits** étaient quasi inexistantes, en particulier dans la phase minuit-6 heures, moment où l'on a vraiment envie de dormir.

Alors je sais, on me disait que la journée, il fallait que je me repose en même temps que Bébé. Mais ça, c'était impossible ! Qui a envie de dormir l'après-midi ? Au contraire, quand Bébé dort, on peut enfin faire tout ce que l'on n'a pas pu faire quand il était réveillé !

Ce manque de sommeil répété s'est répercuté sur mon humeur et ma maladresse, alors je ne faisais que des bêtises, je laissais tout tomber, je cassais tout… Du coup j'étais encore plus énervée… et j'étais très cernée. Mais comment ce petit être si paisible en journée devenait si actif la nuit ?

C'était si horrible de l'entendre pleurer pendant des heures et de se sentir impuissante ! Mais c'est le lot de toutes les mamans malheureusement… J'espérais que mon bébé aime se coucher tôt et se lever tôt comme moi, mais non, lui son truc c'était de s'éclater toute la nuit. Et le matin, c'est moi qui avais une tête de déterrée.

Alors j'ai reçu plein de super conseils : « Instaure un rituel/il mange trop/il faut lui mettre de la musique/donne-lui ci ou ça », mais entre nous, chacun fait comme il peut et même si les conseils sont toujours les bienvenus, ce qui fonctionne sur un bébé ne fonctionne pas toujours sur un autre.

Pourtant **on écoute comme le Messie celle qui vous dit que son bébé fait ses nuits depuis le début et on regarde avec compassion celle qui avoue qu'avec le sien, qui a fêté ses 2 ans, « c'est encore compliqué »** (on espère que cette poisse ne nous atteindra pas). Nous sommes tous différents : adultes, il y a les lève-tard, les couche-tôt, les insomniaques, ceux qui dorment partout, etc. Alors le seul vrai conseil qui aurait pu me servir, c'était de connaître une bonne marque d'anticernes pour arrêter de ressembler à un panda !

Heureusement, je n'effrayais pas mon fils, qui se lovait dans mes bras et semblait me dire « Je t'aime » avec ses grands yeux en amande… Et puis les enfants adorent les pandas ! Finalement, ça lui faisait juste un ours de plus dans sa chambre, car oui, il dormait peu, mais il dormait dans sa chambre.

Je voulais en effet que mon fils dorme dans sa chambre et ce dès le retour à la maison, mais entre l'allaitement et le stress des débuts, où le quitter des yeux même 1 heure me rendait malade, j'étais mieux à ses côtés, donc on a installé un canapé-lit Ainsi, monsieur pouvait dormir – mon conjoint est rugbyman et si le manque de sommeil est compliqué pour tous, il est dangereux pour un sportif dans sa discipline.
Malgré tout, il a toujours été là et les rares fois où je n'en pouvais plus, il se réveillait et gérait la situation. Car oui, parfois on est à bout.

Je me souviens d'une nuit où mon fils pleurait : il souffrait de coliques et cela faisait plus de 1 heure que ses cris duraient. Il était 4 heures du matin et je n'en pouvais plus. J'ai réveillé son papa, qui l'a pris dans ses bras, calé entre ses grosses mains. Sa respiration lente l'a apaisé rapidement et en 5 minutes, il s'est endormi. J'avoue qu'une pointe de jalousie est apparue : comment avait-il réussi en quelques secondes ce que j'essayais de faire depuis 1 h 30 ? Je n'ai pas cherché longtemps la réponse : il dormait, je n'avais pas une minute à perdre pour dormir moi aussi !

Comment calmer bébé ? Conseils spéciaux « premières nuits »

La meilleure façon de calmer bébé est de le garder contre soi, de le bercer, de le cajoler… N'oubliez pas que dans votre ventre, c'était son quotidien, il était ballotté à chacun de vos mouvements et ses besoins étaient satisfaits.
Certains bébés ont besoin d'être contenus. Nos grands-mères l'avaient bien compris en les enveloppant dans un lange.
N'oubliez pas, si vous êtes fatiguée, le papa peut aussi jouer son rôle et prendre plaisir à le bercer.

MAMAN — BÉBÉ

Parce qu'il n'y a pas que vous de chamboulée avec l'arrivée de Bébé : lui aussi !

MAMAN	BÉBÉ
Je deviens une femme.	Je deviens moi.
J'ai du mal à reconnaître mon corps.	Ça sert à quoi ce truc ? J'arrive pas à faire ce que je veux !
L'allaitement, ça me déchire.	La tétée, ça me fait trop du bien !
Ces cris stridents me font mal aux oreilles.	C'est cool ce que je peux faire : plus tard je serai chanteur de metal.
Je suis crevée, j'ai dormi 3 heures depuis hier.	Je suis crevé, j'ai dormi 20 heures depuis hier.
Le meilleur moment ? Le câlin du matin.	Le meilleur moment ? Le biberon du matin.
Mon bébé est unique	Ma maman a une barbe parfois. Elle s'appelle papa.
J'adore ce petit ensemble lapin !	Maman, je vais te détester à 13 ans.
Je l'aime plus que tout.	Je l'aime plus que tout (après le biberon).

La vie à 3

Souvent, on dit que l'arrivée d'un bébé peut être une épreuve pour un couple. Pour ma part, l'arrivée de mon fils nous a rapprochés. On est devenus une famille, une tribu, j'ai l'impression qu'il a soudé notre amour.

Après, il faut l'avouer, Bébé n'a pas changé beaucoup nos habitudes : avant lui, on ne faisait pas de grasse mat'. On n'en fait toujours pas. Je ne sortais quasiment jamais le soir, maintenant, quand je sors, Bébé vient avec moi.

Mon fils a surtout modifié la gestion de mon temps.

Avant lui, j'avais plus de temps pour moi : le matin était consacré au sport, plus au moins tôt selon l'heure à laquelle je commençais mon travail. Aujourd'hui, si je veux faire du sport dès le réveil, il faut que cela soit avant le réveil de mon fils et avant le départ de mon conjoint au travail, donc il m'arrive d'aller courir à 6 heures du matin. Et comme le footing est mon activité sportive principale, j'optimise mon temps : je fais 1 heure de course en partant de la maison baskets aux pieds, soit 1 vraie heure d'exercice (en 1 heure, le temps d'aller et de revenir à la salle de sport, il me resterait peu de temps pour m'entraîner…).

Ça demande un peu d'organisation, mais même si certains matins le réveil est difficile, très vite je sais pourquoi j'ai mis le réveil, et je trouve le courage et la motivation de me lever et d'aller courir.

Bien sûr, je suis consciente que c'est beaucoup plus compliqué pour une maman célibataire. Moi, je n'ai pas ma famille à proximité, mais je sais que je peux compter sur mon conjoint.

Mon moment préféré de la journée, c'est très certainement le matin, quand mon fils ouvre les yeux, qu'il se tourne vers moi et me sourit.

Mes journées sont ensuite rythmées par les repas et les siestes de mon fils. Je suis donc à la maison aux moments des repas (ou j'emporte son repas avec moi) et si j'ai du travail d'écriture (rédiger ce livre, par exemple), il me faut le faire pendant les siestes de mon fils.

Être maman, c'est un job à temps plein, aussi mon temps libre est très limité. Mais j'ai attendu tant d'années pour devenir maman que je ne veux pas en perdre une miette.

Malgré tout, j'essaie de ne pas me laisser aller physiquement, car c'est vrai qu'on a vite fait, étant maman, de moins prendre soin de nous. Entre nous, on est tellement bien dans son jogging en congé mat', pourquoi on changerait ?

Les premiers temps, se laver les cheveux est une victoire : c'est pas qu'on ait envie de sentir le poney, mais on n'a vraiment le temps de rien faire… J'ai ainsi longtemps squatté mes joggings. Il est vrai qu'en accouchant en janvier, j'avais envie d'avoir chaud. Et puis comme déjà avant je ne me maquillais jamais au quotidien (je suis suffisamment maquillée comme ça sur les plateaux télé), ça n'allait pas changer avec le fait que j'étais devenue maman.

Alors permettez-moi de vous dire : **grave erreur les filles**, car quand on vient d'accoucher, on a beau être comblée d'amour, on n'est pas forcément au top de sa forme (merci les hormones), on a parfois un peu le cafard et il est vrai que notre image renvoyée dans le miroir ne nous aide pas beaucoup à nous sentir mieux…

Et puis il y a monsieur, qui, lui, n'a pas pris 1 kg pendant la grossesse, dort correctement la nuit et n'a pas ces foutues hormones à gérer…

Prenez soin de vous !

Pour garder confiance en vous et ne pas faire fuir votre chéri (déjà qu'il peut se sentir exclu à l'arrivée du trésor), pensez à vous faire jolie. Je ne dis pas de faire péter les talons et la minijupe, juste de prendre 5 minutes pour vous mettre de la BB crème pour unifier votre teint, un coup de mascara, vous laver les cheveux ou les attacher afin d'être un minimum soignée.

N'oubliez pas les mains et les pieds : ça a l'air bête de le rappeler, mais souvent, on manque de temps pour faire une manucure ou une pédicure, et pourtant, ça fait toute la différence. Une pédicure permet de marcher pieds nus dans la maison, c'est toujours plus sexy qu'une paire de grosses chaussettes. Quant aux mains, personnellement, il m'a fallu du temps avant de remettre du vernis. Mon fils me tétait le doigt pour soulager ses coliques : pas besoin de vous préciser que les vernis sont toxiques... Donc 1 semaine avant l'accouchement et 2 mois après, j'avais l'ongle naturel.

Autre conseil : avant l'accouchement, j'ai fait poser du mascara permanent ; je ne voulais pas de ces extensions de cils qui vous flinguent les cils et ne donnent pas un résultat naturel – surtout lorsque ça commence à tomber et qu'il faut les brosser pour ne pas avoir l'œil qui ressemble à un oursin. Le mascara permanent m'a juste donné un effet de maquillage léger ; du coup, j'étais « maquillée » à l'accouchement et les deux semaines qui ont suivi. Si c'était à refaire, je le referais, même pour des vacances car ne pas avoir le cerne de panda en fin de journée, je trouve ça plutôt pas mal !

Après cet aparté beauté, les filles, faites-moi plaisir, écoutez-moi, même si ça vous semble futile : c'est vraiment important de ne pas perdre confiance en vous, on doute tellement de tout en devenant maman. L'unique personne qui vous accompagne tout au long de votre vie, c'est vous-même, alors prenez soin de vous.

De la même manière, **prenez aussi soin de votre corps**, c'est important. Je me suis toujours dit que mon corps était une machine. C'est comme ma voiture, bien entretenue, elle fonctionne mieux. La nutrition est le carburant de votre machine, et le sport permet à la machine de fonctionner. Une voiture à qui l'on donne un mauvais carburant fonctionne mal, une voiture qui reste au garage roule difficilement.

Alors, donnez à votre corps le meilleur de la nutrition : privilégiez les légumes, la cuisson à la vapeur pour garder les nutriments ; évitez les sucres rapides, les farines blanches et l'alcool. Vous le savez déjà, ce n'est pas difficile à appliquer au quotidien, alors on essaie au maximum.

Pour ce qui est du sport, il fait partie de ma vie depuis des années comme dormir, respirer, manger... Le sport est mon exutoire, mon équilibre.

Plus vous ferez du sport et plus vous aimerez ça. Essayez de trouver la discipline qui vous convient.

Même s'il est difficile de trouver du temps, rappelez-vous que 30 minutes de sport tous les jours sont meilleures pour le corps et pour la tête que 2 heures une fois par semaine.

Conseils sportifs

J'ai eu beaucoup de chance, j'ai pu faire du sport jusqu'à la fin de ma grossesse et j'ai repris 1 mois et demi après mon accouchement. Je sais qu'il n'y a pas de justice, certaines sont alitées dès le début et doivent attendre des mois avant de se remettre au sport…
Voilà ce que je peux vous dire : la natation, quand tout va bien, c'est LA discipline qu'on peut faire jusqu'au bout et que l'on peut reprendre rapidement (il faut toutefois attendre l'arrêt des saignements et la cicatrisation des points).
N'oubliez pas que marcher, c'est du sport, c'est d'ailleurs celui qui est le plus conseillé pour la jeune maman et son bébé.
Perso, j'ai repris le footing après la rééducation de mon périnée, mais au début, je ne vous cache pas que je me faisais pipi dans la culotte. La reprise de la musculation n'est arrivée que plus tard, mais j'ai découvert l'électrostimulation (ebody). OK, c'est un coût, mais mon corps s'est remusclé miraculeusement en 5 séances : chacune ne prenait que 30 minutes et comme je pouvais emmener Bébé avec moi, c'était super pratique.
Sinon, le yoga est le meilleur ami pour retrouver un ventre plat et une silhouette affinée et déliée.

Arrête de me chatouiller, j'vais faire pipi !!! Ah... Trop tard...

Mon conseil

Quand peut-on reprendre le sport ?

Vous pouvez reprendre le sport dès que votre périnée le permettra. Le plus souvent, c'est vers 3 mois, lorsque vous aurez terminé votre rééducation périnéale, mais en attendant, vous pouvez très bien marcher et faire de grandes balades avec Bébé.

À 3 dans le lit, c'est pas forcément sexy !

Et l'intimité dans tout ça ?

Un enfant, c'est la concrétisation de l'amour entre deux personnes, mais parfois, cette « concrétisation » vient troubler le quotidien…
Un couple naît sur le principe du désir.

On désire l'autre, pour ce qu'il est, pour ce qu'il représente, pour ce qu'il produit chez nous : la joie, la confiance, le bien-être, le rire, sans oublier l'effet qu'il nous fait physiquement…

Devenir parents modifie l'image que vous projetez, indéniablement. En cela, la grossesse est un bon moyen de tester votre couple. Si monsieur vous aime encore autant après les ronflements, les gaz, les pipis sur vous, vos sautes d'humeur dues aux hormones et votre corps méconnaissable de jour en jour, c'est qu'a priori il vous aime vraiment.

Mais quand Bébé est là, que l'euphorie de la grossesse est passée, qu'il y a bien une distinction entre Bébé et vous, là, tout change.

Les attentions du papa peuvent être modifiées une fois que sa compagne a accouché ; sa tendresse peut migrer vers le Bébé, ou à l'inverse, il peut se sentir délaissé.

Il est vrai que la vie amoureuse et sexuelle devient plus compliquée : on a moins de temps à deux (voire pas), l'image sexy et glamour de la femme que vous étiez a laissé la place à celle d'une maman fatiguée, moins sulfureuse, plus normale. L'équilibre amoureux est modifié par la force des choses.

Je vais être honnête, il n'y a pas de formule magique pour que tout se passe bien dans le couple.

Une chose dont je suis sûre, c'est qu'il faut savoir gérer ses frustrations, car ce sont elles qui engendrent la plupart du temps les conflits.
Vous vous sentez laide, dépassée, mal-aimée… C'est normal, vous êtes devenue maman, vous venez d'accoucher, vos hormones sont en folie. Et pour vous, l'euphorie se mélange au spleen…
Il y a une véritable transition à aménager : il faut vous réapproprier votre corps et accepter le regard des autres sur vous qui a peut-être changé.
Je sais que pour certaines femmes, le post-partum est compliqué ; certaines connaissent le baby-blues et regrettent leur grossesse, d'autres au contraire n'arrivent pas à se sentir épanouies dans leur nouveau rôle de maman.

Pour ma part, je n'ai pas eu ce problème, mais j'ai eu peur que mon chéri ne me désire plus. Le fait d'avoir mis notre fils dans sa chambre dès le premier jour nous a aidés à garder une intimité, même si j'ai dormi 1 mois et demi dans la chambre de mon fils pour pouvoir l'allaiter la nuit sans réveiller mon conjoint. Mais au bout d'un moment, ce dernier m'a dit que je lui manquais et qu'il était temps que je revienne dormir dans notre chambre. Même si c'était plus fatigant pour moi, je savais qu'il ne fallait pas rester dans cette facilité de dormir près de mon fils, loin de mon compagnon ; je pense que cela aurait pu avoir un impact négatif sur mon couple.

Un mois, c'est le temps qu'il faut pour que le corps se remette d'un accouchement par voie basse. Les points sont cicatrisés, les saignements terminés. Un mois, c'est le temps qu'il nous faut à nous aussi, les femmes, pour redevenir femmes…

Si le cododo permet au papa de vivre au rythme de la maman et du bébé, je ne suis pas pour, même si beaucoup de sages-femmes conseillent de dormir avec Bébé les 6 premiers mois (au moins dans la même chambre). À mon sens, quand on allaite, le papa ne peut pas aider. En plus il dort mal, nous aussi, on est deux à être irritables. Alors quand on peut, si Bébé a sa propre chambre, mieux vaut migrer directement dans son espace à lui. Au moins le papa dort, nous non, mais ça ne change pas !

Si on n'allaite pas, on peut se relayer avec le papa pour les nuits : on fait un planning et chacun peut se reposer un peu à son tour.

Retrouver la tête à ça...

Quand on manque à son conjoint alors qu'on vit sous le même toit, avec un nouveau-né, c'est bon signe. On a porté notre bébé pendant 9 mois, on a donné la vie, alors ce petit être qui a fait de nous une famille, on y tient plus qu'à nous. On passe souvent le premier mois post-partum en pyjama ou jogging (c'est normal, c'est confortable), mais même si le temps nous manque, il faut essayer de ne pas trop se négliger.

Votre chéri vous a vue écartelée sur la table d'accouchement, il vous a aussi vue porter des couches, comme votre bébé. Vous avez peut-être eu des hémorroïdes. Vous avez mauvaise haleine à cause de vos courtes nuits et vos cernes sont si grands qu'il n'y a même plus de place sur vos joues pour mettre du blush, qui pourtant vous aurait arrangé la mine.
Alors oui, ça peut être compliqué de toujours être dans le désir de l'autre. La libido peut chuter en flèche après Bébé. Surtout si vos hormones vous rendaient un peu frivole, pour ne pas dire « chaudasse » enceinte... Quand Bébé est là, je vous garantis que **le seul truc dont vous avez envie, c'est de dormir**.
Pourtant, faites un effort de séduction pour ne pas le faire flipper. OK pour le jogging mais alors un jogging sympa, neuf, propre, pas votre jogging doudou qui ne ressemble plus à rien depuis longtemps.
Si vous accouchez l'été, la robe longue hippie peut vous sauver la mise. Mais la jolie, celle qui est colorée, pas celle à motifs orange et marron qui vous fait prendre 20 ans.

C'est vrai qu'après la naissance de Bébé on n'a pas toujours la tête à ça, et on se pense préservée de la crise de couple. Pourtant, la vie de couple s'est indéniablement transformée, que vous le vouliez ou non, en vie de famille. Et ce qui devient désormais le plus important pour vous, c'est le bonheur des vôtres. Il faut trouver en cela son apaisement, moins attendre (de compliments, de cadeaux...), plus donner et arriver à discerner l'amour, le vrai, plus que des signes affectifs... ou des galipettes.

Ma nounou le prépare à Sciences-Po.
La crèche, ça le sociabilise, il apprend l'anglais à 18 mois avec son copain John.
L'assistante maternelle, c'est financièrement plus intéressant, on met notre argent ailleurs...

Garde… à vous (de choisir)

Un mode de garde pour son bébé, on en a tous besoin pour quand on reprend le travail, mais pas seulement. On peut aussi faire garder son petit pour avoir un peu de temps pour soi quand on est mère au foyer, si on peut se le permettre.
Pour ma part, je prends une nounou seulement quand j'y suis vraiment obligée (lors de mes déplacements à Paris, par exemple). Forcément, j'ai des remords à faire garder mon fils pour prendre du temps pour moi… Mais c'est une erreur, car je sens bien que moralement, j'aurais parfois besoin d'aller faire un tour (pour aller à la salle de sport, par exemple).

Nous avons opté pour le moment pour une nounou à domicile, car avec nos plannings respectifs, c'était plus facile. En effet, mon conjoint commence ses entraînements avant 8 heures du matin et est souvent en déplacement. Quant à moi, si je tourne, je suis à Paris ou ailleurs, loin de Montpellier, et dans ce cas, je pars la veille.
La nounou à domicile se plie plus facilement à nos horaires compliqués, mais c'est vraiment un budget conséquent. L'autre avantage, c'est que mon fils reste dans son environnement et pour ses premiers mois de vie, c'est top.

L'inconvénient donc, c'est le prix : 11 euros de l'heure, avec les charges cela nous coûte 13 euros. Ça chiffre vite, alors je ne prends la nounou que quand c'est indispensable.

Combien ça coûte ?

Le prix d'une garde à domicile est de 10,21 euros brut par heure selon le Cesu en 2019 (pour simuler le coût de la garde, https://www.parent-employeur-zen.com). À ce tarif, il faut ajouter les cotisations sociales (la CAF prend en charge une partie) et les aides de l'État.
La nounou doit s'occuper de l'enfant, veiller à son éveil, préparer ses repas, laver ses affaires et si vous le lui demandez, elle peut faire un peu de ménage. Après, il faut trouver la perle qui accepte de garder votre enfant et de faire tout cela ; si déjà elle est gentille et aimante avec votre bébé, c'est le principal. C'est ce que je me suis dit faute d'avoir le reste, mais la nounou à domicile doit en théorie vous « décharger » du travail autour de Bébé, donc si c'est une bonne professionnelle, elle le fera naturellement.

Pour ce qui est de la sociabilisation, mon fils voit quantité d'autres enfants. Autour de nous, il y a beaucoup de petits donc il se sociabilise, mais pour ses 1 an, j'aimerais le mettre à la crèche afin qu'il joue avec d'autres enfants, connaisse la collectivité et se fasse des anticorps…

Voilà ce que j'ai choisi pour ses premiers mois de vie, sans avoir du reste trop le choix étant donné nos contraintes d'emplois du temps. Si vos horaires sont plus « normaux », cela vaut la peine d'étudier la question du mode de garde.

Crèche, assistante maternelle, nounou à domicile : que choisir ?

Donner son bébé à garder est certainement la chose la plus stressante pour une maman. Je vous assure, beaucoup plus que l'accouchement. Quand on n'a pas la chance d'avoir les grands-parents ou de la famille proche de chez soi, il faut confier son petit à un inconnu et ça, physiquement, c'est parfois difficile :

– Heu… madame, il faut partir, là.

– Ah je suis pas encore partie ? Pardon.

Donner à garder son petit à un inconnu ou une inconnue toute une journée, c'est une torture, on se mange la tête : la nounou va-t-elle bien s'en occuper ? Va-t-elle le laisser pleurer ? le changer dès qu'il est sale ? Va-t-elle être douce et tendre avec lui ? C'est vrai aussi qu'on entend tellement d'horreurs… Mais on n'a pas le choix, on doit reprendre le travail et on ne peut pas emmener son bébé. J'avoue que l'idée m'a effleurée, mais je crois que même s'il est calme, ça finirait par se voir…

Alors vers qui se diriger ?

Pour ce qui est de la **crèche**, j'aime le fait qu'il y ait plusieurs personnes pour s'occuper de Bébé. Du coup, si l'une fatigue, une autre peut prendre la relève.
Le gros avantage de la crèche, c'est que Bébé est au contact d'autres enfants, il fait l'expérience de la collectivité : autant d'éléments qui vont favoriser son éveil et sa progression.En revanche, quand Bébé va à la crèche, on ne le prend pas avec une toute petite fièvre, un nez qui coule, et il arrive que ses affaires soient égarées.

La **crèche familiale** représente une bonne solution : l'assistante maternelle dépend de la crèche mais garde les enfants chez elle, où elle les éveille ; elle peut aussi les emmener à la crèche par exemple 1 semaine par mois : une solution qui offre le confort d'une petite structure et l'expérience de la collectivité.

L'option **assistante maternelle à domicile** me plaît aussi beaucoup : elle garde un nombre réduit d'enfants (3 ou 4 au maximum), souvent d'âges différents. Bébé peut donc progresser. Mais je me dis qu'avoir 3 ou 4 enfants à garder toute la journée, seule, ça peut être compliqué et la personne peut « craquer », c'est ce qui me fait extrêmement peur… En revanche, l'assistante maternelle prend un bébé malade et je sais qu'il peut se créer entre elle et Bébé une vraie complicité. Je connais ainsi des enfants qui aiment leur assistante maternelle comme un membre de la famille.Et puis grâce à la PMI, les assistantes maternelles peuvent se retrouver et proposer des activités communes à nos chérubins. Donc c'est une option qui me plaît beaucoup !

Il y a aussi la **nounou à domicile,** j'en ai parlé. C'est vrai que pour les parents et les petits bouts, c'est un vrai luxe : l'enfant reste dans son environnement et nous, on n'a pas à l'emmener chez la nounou et à venir le chercher, un vrai gain de temps. Il y a là un côté très rassurant surtout quand Bébé est tout petit. Mais rester seul avec la nounou, sans autre enfant, n'est pas forcément bon passé un certain âge.

Il y a bien sûr la possibilité de faire une **garde partagée** avec une autre famille, mais ce n'est pas toujours évident que ça se passe bien…

Combien ça coûte ?

Quoi que vous choisissiez, il est indispensable de se renseigner au niveau du coût ! Car faire garder un enfant coûte cher, très cher… Je m'étais renseignée pour mettre mon fils dans une crèche Montessori. Or nous ne sommes pas éligibles à la CAF avec mon conjoint : la crèche nous coûterait 1 600 euros par mois en laissant notre fils 5 jours par semaine de 7 h 30 à 18 heures. Car comme nos plannings, à l'un et à l'autre, sont variables, nous sommes obligés de prendre le forfait maximal, même s'il y a des semaines où je peux garder mon bébé avec moi tous les jours ! C'est le même problème avec l'assistante maternelle, qui, elle, nous coûterait environ 1 000 euros par mois – mais nous pourrions déduire la moitié de nos impôts. Et rappelez-vous, la nounou à domicile, c'est 11 euros de l'heure, donc ce luxe a un prix !

Une chose est sûre, **c'est que dès que vous apprenez votre grossesse, n'oubliez pas de vous inscrire en crèche et même de faire vos démarches de garde** si vous voulez une assistante maternelle, car ça ne se trouve pas au dernier moment.

Au final, on veut toutes la meilleure solution pour Bébénou, car c'est lui le premier concerné. Si seulement aussi il pouvait me dire ce qu'il préfère !

Parlez à votre bébé, il comprend tout !

Le langage est la solution à tout... ou presque.
On a tendance à croire qu'un enfant ne comprend pas tout, alors un bébé, n'en parlons pas ! Et pourtant, on le sait, il ressent notre stress, notre peur...
Je me souviens de mon fils âgé de quelques semaines. Il était en pleurs dans mes bras, car il souffrait du ventre. J'étais terrorisée et sa douleur me tordait les tripes.
Je n'arrivais pas à le calmer. C'est certain, il ressentait mon angoisse, car une fois dans les bras de son papa, apaisé par sa voix et calmé par son rythme cardiaque plus lent, il a vite réussi à trouver le sommeil...

Plus tard, lors d'une balade dans une ferme, une oie a bondi sur moi en voulant m'attaquer. J'ai fait un pas en arrière en haussant la voix pour l'effrayer, et mon fils, certainement terrorisé à l'idée qu'on attaquait sa maman, a fondu en larmes. Au ton de ma voix, il a compris que j'étais en danger.

Avez-vous remarqué comme les enfants, quand ils viennent de chuter, se mettent à pleurer en croisant le regard effrayé de leur maman qui pense qu'ils se sont fait mal ? Les enfants ressentent notre peur et comprennent tout. Ce sont de vraies éponges, ils absorbent toutes nos émotions, les bonnes comme les mauvaises.

Voilà pourquoi je parle normalement à mon fils. Bien sûr, comme tout le monde, je l'appelle par des petits noms (« mon amour », « mon cœur »…) et je prends la plus douce des voix pour m'adresser à lui, mais **je n'utilise pas le langage bébé. Vous savez, le waouf waouf pour désigner un chien ou le bibi pour le biberon.** Un chien est un chien, pas un waouf waouf, et le biberon est le biberon, pas le bibi. Quant à sa purée, c'est une purée, pas un miam-miam. En utilisant les mots appropriés, je veux tout simplement qu'il apprenne le langage d'adulte pour le reproduire à son tour.

À 1 an, mon fils ne parlait pas. Mais si je lui demandais d'aller chercher son avion, il y allait ; si je lui demandais d'imiter le cri du lion, du chien ou du chat, il le faisait. Il sait reconnaître chaque chose – sa chaussure, sa couche, le bain, la cuillère. Il fait le geste pour dire au revoir, envoie des bisous, fait des câlins si on lui demande et joue à se cacher et à faire « bouh » pour nous faire peur, mais il ne dit qu'un seul mot : « Papa ». Il le dit très distinctement, et il sait bien ce que ce mot représente : son père. Il a une passion pour son père. Il sait que cela me frustre et quand je lui dis « Maman », il me répond « Papa », pour me tester… Il a dû dire deux petites fois « Maman » en se réfugiant dans mes bras, car il venait d'avoir peur. Donc il sait le dire, mais il se joue de moi.

Cette année, j'ai perdu ma cousine d'un cancer. Cette épreuve m'a énormément affectée, je pleurais souvent et je sentais chez mon fils un questionnement. Je lui ai expliqué que je n'étais pas triste à cause de lui. J'ai essayé de trouver des **mots simples et justes**. J'espère avoir toujours le courage de parler à mes enfants, de leur dire la vérité. J'ai été très émue par le fils de ma cousine. Il a expliqué à ma sœur que sa maman était morte, qu'elle était dans le ciel, mais qu'elle ne l'avait pas laissé, qu'elle serait toujours dans son cœur. Petit bout… Il semblait rassuré de savoir que sa maman l'aimait toujours plus fort que tout.

Si vous vous engueulez avec votre conjoint, avez le moral à zéro ou des problèmes au travail, il vaut mieux le dire à votre enfant, en choisissant des mots simples qui le rassureront plutôt que de ne rien lui dire.

Votre enfant n'a qu'une crainte : être fautif et être délaissé. Alors ne le laissez pas penser cela, brisez le silence et parlez-lui.

Parlez, mais faites attention à votre langage : évitez les gros mots, car étrangement, Bébé les retient plus facilement… De toute façon, quand on devient maman, on n'en dit plus… Si ?

Moi, il fait déjà ses nuits !
Moi, il fait déjà ses dents !
Moi, il me fait craque et c'est déjà pas mal !

Battle de mamans

Quand on est jeune maman, il y a une pression que l'on doit affronter au quotidien : les autres jeunes mamans qui ont constamment besoin de se comparer entre elles…

Voilà quelque chose d'assez étrange : **pourquoi vouloir comparer sa progéniture ? Y a-t-il quelque chose à gagner ? Ou est-ce juste le fait de vouloir se vanter ?** J'ai déjà du mal avec les conseils permanents qu'on donne aux mamans – « Tu devrais le prendre comme ça, le mettre dans une écharpe, tu ne devrais pas lui mettre de chaussures, tu devrais utiliser ce biberon », etc. Souvent, je remercie du conseil, mais je fais comme il me semble être le mieux pour mon fils. J'écoute mon médecin et je vois sur Bébé ce qui lui réussit ou pas. Même si les conseils partent d'un bon sentiment, ils donnent souvent le sentiment qu'on fait mal… C'est drôle d'ailleurs, car les conseils viennent souvent de personnes sans enfant ou qui ont eu des enfants il y a au moins 20 ans. Donc, entre nous, leur légitimité j'y crois moyen… Surtout, on ne peut pas comparer deux enfants, de même qu'on ne peut pas le faire avec deux adultes !

Mon fils a été sevré à 2 mois parce que je reprenais le boulot. Eh bien on m'a reproché d'avoir arrêté l'allaitement (alors que j'aurais bien continué), mais rappelez-vous, je devais subir des vaccins qui étaient incompatibles avec l'allaitement. Tout de même, depuis qu'il est passé au lait artificiel, mon bébé fait ses nuits. Il dort de 21 heures à 7 heures du matin, et quand il se réveille, je lui mets sa tétine (n'en déplaise à certains/certaines) le temps de préparer le bib. De retour dans sa chambre, parfois il s'est rendormi…

J'ai beaucoup de chance, car malgré son gros reflux – il prend de l'Inexium, du Gaviscon, fait de l'ostéopathie et de la kinésithérapie – mon bébé ne pleure pas, il sourit même tout le temps. Pourtant, quand on me demande s'il fait ses nuits ou si « c'est pas trop dur », je réponds juste un petit « ça va », alors que j'ai envie de dire que si tous les enfants sont comme lui, j'en fais 10 ! (Oui je sais, je suis à l'aube de mes 40 ans, je suis trop vieille pour en faire 10.) En tout cas, je ne me vante pas de dormir. Je ne sais pas pourquoi, mais le regard de la maman usée par le manque de sommeil qui me demande si le mien fait ses nuits me fait flipper. Si je lui dis oui, va-t-elle me sauter à la gorge ?

Après cette question viennent celles sur la taille, le poids de mon bébé, s'il a des cheveux, s'il se retourne, s'il perce ses gencives, etc. Tant de questions… Heureusement que Bébé ne comprend pas tout, vous imaginez la pression ?!

Mais on est comme ça entre mamans, on se compare, car quand ce n'est pas au sujet de Bébé, c'est de notre corps qu'on parle. « As-tu récupéré ton poids d'avant ? » Voilà la question qui revient le plus. Et quand j'ai le malheur de répondre non (ce qui est vrai, il me reste 2 ou 3 kg pour revenir à mon poids de forme… et des heures de sport pour la tonicité), j'ai le droit à un « Oh ça va, tu es toute mince ! » Oui, merci, c'est gentil de me dire que tu me trouves mince, mais à la question « As-tu récupéré ton poids d'avant ? », la réponse reste non. Ça ne me gêne pas plus que ça d'ailleurs, je veux juste essayer de me remuscler et tonifier ma sangle abdominale, mais contrairement à ce que je peux entendre, je n'en fais pas une obsession, je pense juste que c'est normal de vouloir retrouver la forme ! D'autant plus que je voudrais faire un deuxième bébé et que je sais que mon corps doit se remettre avant.

Ce qui est sûr, c'est que je ne veux surtout pas que mon fils soit en compétition. Il le sera bien assez tôt et toute sa vie, donc pour le moment, je le laisse aller à son rythme. Comme beaucoup d'enfants de sportifs, il est hypertonique. Il tient sa tête depuis ses 3 semaines et est très actif. Il se retourne depuis ses 2 mois, a marché à 9 mois. Mais toutes ces choses qu'il fait précocement révèlent juste qu'il est trop tonique et qu'il faut qu'il fasse de la kiné pour détendre tout ça… Peu importe s'il est plus ou moins avancé sur certains aspects, chaque jour il découvre quelque chose de nouveau et moi, je suis complètement gaga devant lui. Je ne rentrerai donc pas dans vos compétitions, les mamans, je vous laisse gagner ! Je préfère regarder le temps passer dans ses grands yeux brillants.

Il a l'air si malheureux que je parte...
Euh non.

La séparation d'avec les parents

La reprise du travail n'est pas une mince affaire pour les mamans.

Même si l'on s'y prépare, ça reste compliqué, car je pense que le lien entre la maman et son bébé est d'ordre animal.

En ce qui me concerne, je l'ai déjà évoqué, j'ai dû laisser mon fils alors âgé de 2 mois et demi 10 jours d'affilée pour partir en tournage en Bolivie, avec un gros décalage horaire et peu de réseau sur place. Je dois avouer que ça a été une des expériences les plus compliquées de ma vie.

Pour gérer cette première séparation, j'ai eu besoin de lui écrire une lettre.

Idée

Lettre à mon fils

Mon petit amour,

Depuis 3 mois, mes journées sont rythmées par toi, tes réveils souriants, tes repas câlins, tes bains à la grimace… Mon bébé qui n'aime pas l'eau. Alors forcément, reprendre le travail et te laisser, c'est une véritable déchirure… Me passer de toi une journée est compliqué alors 10 jours, 240 heures… Comme ça va être long.

Mais je veux que tu saches que Maman pense à toi à chaque instant, que même si je suis de l'autre côté de l'Atlantique, je ne t'oublie pas, je ne te laisse pas… Maman ne te laissera jamais, tu es son trésor, sa raison d'être.

J'essuierai chacune de tes larmes, je me nourris de chacun de tes sourires. Je t'aime plus que tout, et je sais que Papa s'occupera bien de toi, car les sentiments de Papa sont les mêmes que les miens. Alors sois gentil avec Papa.

Tu peux être tranquille la nuit et dormir paisiblement, on veille sur toi, petite merveille.

Maman

Trois jours avant le départ, j'étais déjà en larmes.
Puis est arrivé le moment de partir. Dix jours sans Bébénou. Je savais bien que son papa et la nounou allaient assurer. C'est moi qui n'assumais pas cette séparation. Et puis comme j'avais dû arrêter l'allaitement pour ce voyage, je n'allais pas lui manquer tant que ça, il était passé au biberon. C'est donc à moi qu'il allait surtout manquer, à moi qui n'étais pas sevrée de lui – est-on jamais sevrée de la maternité ? On aime chaque jour son enfant un peu plus.

Avant, je ne comprenais pas les mamans qui tardaient à reprendre le boulot, qui pleuraient en laissant leur enfant à la crèche… Je me disais même : « C'est ridicule, elles vont le récupérer le soir même ! »…

Avant d'être maman, ce lien charnel, on ne peut pas le comprendre. Alors je vous avoue que 10 jours et 9 nuits sans mon fils, dans cet autre pays, avec le décalage horaire, la quasi-inexistence de réseau (dans la pampa, ça passe pas), ça a été difficile. Très difficile. Rien que d'y repenser, je sens que les larmes vont couler. Aujourd'hui, je pars plus facilement, mais au bout de 3 jours, le manque est énorme. Je sais que c'est mon travail qui veut cela et que c'est le prix à payer pour pouvoir lui offrir le meilleur. Mais ça reste dur…

C'est fou quand même, jamais je n'aurais pensé être un jour ainsi : moi, la solitaire qui partait des mois faire de la boxe thaïe seule dans un camp en Thaïlande, je pleure comme une madeleine pour 10 petits jours loin de mon fils…

L'amour des siens est sûrement la seule addiction que l'on peut avoir, car l'amour est la seule chose indispensable à la vie. On peut manquer d'argent et être heureux, on peut même ne pas avoir la santé et être heureux, mais on ne peut pas manquer d'amour, vivre sans amour. C'est ça que les voyages nous apprennent : c'est flagrant quand on voit ces familles qui parfois n'ont rien mais qui s'aiment et qui sourient à la vie. Aimer et être aimé est assurément la plus grande des richesses.

Mince, je devais emmener le dessert…
Heureusement, j'ai un paquet de boudoirs !

Alors on sort… avec Bébé

Quand on a fini d'hiberner avec Bébé, de vivre en vase clos, il faut penser à reprendre une vie normale. Certains couples le font très rapidement, d'autres ont plus de mal, car qui dit sortie avec bébé dit anticipation.

Mais une fois qu'on est bien organisés, ce n'est pas si compliqué, ça se fait même tout seul.

Pour un resto

Si c'est **à midi**, on réserve plutôt le deuxième service, comme ça, on a le temps de donner à manger à Bébé avant, à la maison. Une fois au restaurant, on prévoit un jeu pour l'occuper s'il ne dort pas dans sa poussette.

Si c'est **le soir**, au contraire, on essaie d'y aller assez tôt pour ne pas rentrer trop tard et éviter de décaler trop Bébé…

Midi et soir, on oublie les restos bruyants, ceux où le service est trop long. La bonne idée, c'est de sortir entre copains : il y aura ainsi toujours quelqu'un qui voudra prendre Bébé dans ses bras pour vous « décharger » un peu.

Pour faire les magasins

Pas de souci pour se balader avec Bébé, surtout s'il supporte bien de rester dans sa poussette (jusqu'à 7 mois pour le mien). Mais il y a des choses à prendre avec vous :

- un biberon (même si vous avez pris avec vous son goûter ou de quoi déjeuner, un biberon peut vous sauver de tout : soif, pleurs, même piqûre d'insecte. Téter apaise Bébé. Si ça ne soigne pas, cela dissipe sa douleur) ;
- une couverture dans le sac à langer en cas de courant d'air…

Pour aller chez des potes

Voilà la sortie la plus sympa et la plus facile quand on a un petit… N'oubliez pas d'emmener tout l'attirail, lit parapluie compris.

Ça y est j'ai ma poussette !
C'est hyper facile !
Pourquoi nos mecs y arrivent mieux que nous ?

C'est les vacances !

Youpiii, c'est les vacances ! Du soleil, du dépaysement et enfin du farniente au programme... Heu non, en fait, quand on est maman, le programme n'est pas tout à fait ça...
Déjà, le voyage n'est pas le même, car partir avec Bébé en avion ou en train, là aussi, ça se prépare.

En avion

Jusqu'à 2 ans, un tarif préférentiel s'applique si vous tenez votre bébé dans vos bras. Pour les vols internationaux, vous paierez 10 % du prix du billet adulte.
Vous vous voyez mal tenir votre bébé durant tout un vol long-courrier ? Dans ce cas, vous devrez payer sa place, soit le tarif enfant (de 30 à 50 % du prix du billet adulte).
Concernant les vols intérieurs, l'avion est gratuit... si vous tenez votre bébé sur vos genoux.

Bon à savoir : la plupart des grandes compagnies prêtent des sièges ou des lits homologués – encore faut-il le préciser à la réservation.

En train

C'est également gratuit pour Bébé, mais là encore, il doit voyager sur vos genoux.

Taxi !

Une fois arrivés à destination, prévoyez de réserver un taxi avec un siège auto. Et là, j'ai testé pour vous, ce n'est pas toujours simple… Nous avons eu la chance de pouvoir partir avec notre poussette qui fait aussi siège auto. On peut ainsi l'installer directement dans le taxi. Pratique, ça nous a sauvés plus d'une fois, car même en réservant un taxi avec siège auto, on a souvent droit à un… rehausseur.

L'hébergement

Si vous le pouvez, je vous conseille de réserver un hôtel avec Club enfant pour avoir une vraie impression de vacances. En tout cas, c'est ce que je ferais si je partais, car pour l'instant, je ne suis pas encore partie loin avec Bébé ! Mes dernières vraies vacances remontent à… Je crois bien que je n'ai pas pris de vacances depuis 2 ans…

Certes, nous sommes partis plusieurs fois **en week-end avec Bébé** : un vrai bonheur de le voir évoluer dans un autre cadre. Il a même nagé dans une piscine pour la première fois à 9 mois, ce fut un moment incroyable. Quant à moi, j'ai pu un peu décrocher, et ça, ça fait du bien. Bon, en vrai, ce fut un week-end de 2 jours chez des potes qui habitent à 1 heure de route, mais c'est déjà ça !

Les vacances avec bébé sont parfois compromises. Car un bébé, ça coûte cher, donc souvent, les premières années, il faut « éponger » le package grossesse-accouchement et « accessoires » (chambre à coucher, parc, poussette, siège auto, couches, lait artificiel et plein d'autres trucs hors de prix).

Alors si vous pouvez tout de même partir, même très près de votre domicile, faites-le, pour couper de votre quotidien. Nous, nous sommes allés voir mes parents à Paris, des amis à Toulon et d'autres à Clermont-Ferrand : un bain d'oxygène pour Bébé et notre couple.

Nos prochaines vacances ?

Voilà le moment de vous dire les choses… Nous ne connaîtrons jamais des vacances d'une semaine à l'autre bout du monde, juste avec notre fils… Oui, car me voilà enceinte, de sa petite sœur ! Super, non ? Du coup, nos premières vraies vacances se feront sûrement à 4, mais peut-être pas avant quelques mois…

Il est vrai que pour moi qui passais 3 mois de l'année en Thaïlande, le changement est radical. Mais quand on est célibataire, sans attache, les vacances sont beaucoup plus faciles à organiser qu'avec de jeunes enfants et surtout, une fois en vacances, on pense à soi et uniquement à soi… Mais ça, c'était avant !

Avant 6 mois, je trouve personnellement que c'est un peu tôt pour faire voyager un bébé… Alors j'ai appris à changer mon mode de vie et encore une fois à faire évoluer mes envies. Tout un travail, me direz-vous ? Et pourtant, elles vont être top mes prochaines vacances !

LITTLE
PILOT
02

Il y a des jours avec… et des jours sans

Les jours sans, c'est quand Bébé nous mène la vie dure.
Être maman, c'est tellement d'amour que l'on reçoit et que l'on donne…
Et heureusement qu'on l'aime ce petit truc, car entre nous, il arrive qu'on en ait ras la casquette ! Et il ne faut pas avoir honte de l'avouer, parfois, on n'en peut plus.
La première cause de pétage de plombs est la **fatigue** : quand Bébé ne dort pas la nuit, Maman non plus… Et impossible de récupérer en journée, pendant que notre chère progéniture fait sa sieste, tant il y a de choses à faire.
Du coup, un cercle vicieux s'installe : on est de plus en plus fatiguée, de plus en plus énervée, Bébé le sent et le climat n'est pas serein au moment du coucher. Donc il ne dort pas, toujours pas, et nous non plus…
Avant de devenir complètement timbrée, il faut trouver une solution, récupérer au moins une nuit.
Le mieux est que le papa prenne le relais : on tire son lait si on allaite et on dort 1 nuit, ou 2.

Si on est seule, on demande l'aide à la famille (beaucoup de mamans prennent à cœur leur rôle de grand-mère) ou à des amis, ils sont là pour ça. Si, si, je vous assure, un ami, un vrai, c'est celui qui est là quand vous avez besoin de lui. Et si vous vous sentez au bord de l'explosion, ça signifie que vous avez besoin d'eux, maintenant.
Les accidents avec Bébé arrivent la plupart du temps quand la maman est à bout. Alors écoutez-vous, pour votre bien et celui de votre bébé. Vous pouvez aussi appeler votre sage-femme si vous sentez que c'est compliqué de vous faire aider par vos proches. Elle trouvera certainement une solution.

Les **pleurs** sont une autre cause de la fatigue : un bébé qui pleure toute la journée, ça existe, et c'est très fatigant physiquement mais aussi nerveusement. Pourtant, les pleurs sont le seul moyen pour Bébé de communiquer, donc parfois, quand ça ne va pas comme il le voudrait, il pleure. Beaucoup, tout le temps, sans arrêt, ça dépend.

Au début, la plupart des bébés pleurent parce qu'ils ont mal au ventre, leur organisme se forme et ils souffrent beaucoup. Ces troubles peuvent durer jusqu'à 2 mois. Deux mois, c'est long.
Mon fils est un bébé avec un reflux. Je me souviens du premier weekend à la maison. Mon conjoint jouait à l'extérieur, je ne dormais pas depuis 1 semaine et heureusement, ma maman était venue m'épauler. Je m'endormais en allaitant, je n'arrivais pas à aligner deux mots correctement et mon fils hurlait, car il avait mal au ventre. C'était horrible de le voir souffrir, je me serais arraché les yeux, j'étais tellement à bout… Heureusement que ma maman a pu veiller quelques heures pour que je me repose, mais je me souviens encore de ses pleurs, des pleurs de souffrance, j'en étais malade d'être aussi impuissante…

Depuis, j'arrive à distinguer les larmes. Ainsi, les **larmes de souffrance** me font toujours cet effet qui me retourne le cœur et me rend folle, tandis que j'appréhende différemment les **larmes « de caprice ».** Beaucoup n'aiment pas ce terme, car on considère que chez un bébé de moins de 3 ans, il n'y a pas de caprice. Ce que j'appelle « caprice », ce sont ces pleurnichages pour être pris dans les bras, pour avoir un objet qu'on lui a retiré des mains, bref, tous ces pleurs qui signifient son mécontentement. Or je suis de celles qui ne cèdent pas. Je laisse pleurer mon fils en lui expliquant pourquoi je ne le porte pas, pourquoi il ne peut pas prendre la fourchette, etc. Être maman, c'est aussi savoir dire non et donner des limites.

Enfin, il y a les **pleurs au coucher**. Là, j'avoue, c'est un poil différent. Jusqu'à 10 mois, je ne supportais pas d'entendre mon fils pleurer au moment du coucher. Il est vrai qu'il nous avait habitués à s'endormir facilement et les rares fois où ça a été plus compliqué, ça l'était encore plus pour moi que pour lui.
Mon conjoint m'assurait qu'il fallait le laisser pleurer un petit peu… Mais j'en étais incapable au-delà de 5 minutes de larmes, il fallait que j'aille le réconforter… Ce qui a généré beaucoup de querelles de couple, comme vous pouvez l'imaginer.

Aujourd'hui, mon fils a plus de 1 an. Il pleure régulièrement pour aller se coucher, il ne veut pas aller au lit, mais il s'endort en moins de 5 minutes ! Ses pleurs ne m'affectent plus autant. Je le couche quand je vois qu'il est fatigué, il pleure juste pour nous faire comprendre qu'il préférerait rester avec nous. En revanche, s'il se réveille dans la nuit ou qu'il pleure plus de 5 minutes, je vais le rassurer. On le sait, Bébé a peur de l'abandon. Aussi, chaque jour je dis à mon fils : « Maman t'aime, elle sera toujours là pour toi. » Et je pense qu'il le comprend, car il sèche vite ses larmes.

Mon astuce

Faut-il laisser bébé pleurer ?

On entend beaucoup de choses sur les pleurs de l'enfant et leurs significations. Mais qu'en pensent les experts ?
Ils conseillent de ne pas laisser le bébé pleurer. Les pleurs sont en effet la manifestation d'un besoin, d'un stress, d'une douleur ; jusqu'à 10 mois, les bébés ne font pas de caprice.
Essayez de **décoder le pleur** (vous y arriverez vite) et de le gérer, cela permettra de rassurer votre bébé, de se sentir aimé et en sécurité.
Comme toujours, attention aux idées reçues, **préférez vous faire confiance**. Et **si vous « craquez »**, couchez Bébé sur le dos dans son lit et allez respirer… Agissez toujours avec douceur, c'est tout ce qui fonctionne !

Aujourd'hui, ce que j'ai prévu de faire

5 h 30 | J'ai mis mon réveil pour aller courir jusqu'à 6 h 30 puis me doucher avant 7 heures, l'heure à laquelle Bébé se réveille.

6 h 30 | Douche. **6 h 45** | Café
7 h | Réveil de Bébé. J'ai eu le temps de faire son biberon.

10 h | Je recouche Bébé et je me mets au boulot.

11 h 30 | Je prépare le repas de Bébé et le mien pour que l'on mange pareil : Bébé adore et ça me permet de manger sainement.

12 h | On mange avec Bébé.

14 h | L'heure de la sieste pour Bébé. Maman peut retourner bosser.

16 h | Goûter de Bébé et activités avec Bébé.
16 h 45 | On va se balader.

18 h | Le bain, c'est le moment détente de la journée.

19 h 30 | Papa rentre du boulot. Il donne le dîner à Bébé pendant que je cuisine.

20 h 30 | Bébé dort.

21 h | La soirée est à moi, à nous. J'ai dit à une pote de passer manger.

Ce que j'ai fait en vrai…

6 h | Réveil. Après 30 minutes de hurlement de mon réveil, je me suis décidée à aller courir, mais Bébé s'est réveillé…

6 h 30 | Je change Bébé, mais aussi la gigoteuse et le drap : il a la diarrhée. **6 h 45** | J'ai envie de vomir.
7 h | Bébé hurle, car le biberon n'est pas prêt.

10 h | Bébé ne veut pas dormir, je passe 1 heure à le bercer, c'est moi qui m'endors. Mince, je n'ai pas pu bosser.

11 h 30 | Je fais décongeler un petit pot en essayant de bosser pendant ce temps.

12 h | Bébé mange. Moi je nettoie la purée qu'il a envoyée sur le tapis.

14 h | Bébé est en pleine forme, moi pas.
En plus, j'ai la dalle, je n'ai pas encore eu le temps de manger.

16 h | Bébé dort, je vais en profiter pour m'assoupir.
16 h 45 | Bébé se réveille, il est en pleine forme. Moi, j'ai plus de mal.

18 h | L'heure du bain. La salle de bains est inondée.
Vite, je dois faire quelque chose pour éviter le dégât des eaux.

19 h 30 | Coup de fil du papa : « Je vais rentrer tard, je te rapporte quelque chose ? » Je réponds : « Une nounou. »

20 h 30 | Je prépare à manger pour Chéri.

21 h | Je dois bosser, je n'ai rien foutu. Las, je m'endors sur mon ordi.

Comment optimiser son temps à l'arrivée de Bébé

Dès que Bébé arrive dans notre vie, le manque de temps se fait cruellement sentir. Alors comment optimiser son temps pour en faire le maximum ?

Déjà, je me réveille toujours 1 h 30 avant le réveil potentiel de mon bébé, cela me permet d'avoir le temps de faire mon sport. Bébé dort encore, Papa aussi, alors je vais courir et je profite des bienfaits du réveil matinal. Vous pouvez aussi faire une séance de sport ou de yoga chez vous : promis, cela va changer votre journée !

Mon bébé mange depuis longtemps maintenant de la nourriture solide et je prépare tout moi-même. Je crois pouvoir dire qu'il n'a jamais mangé un petit pot du commerce. Il n'y a aucune fierté à cela, c'est plutôt le mode de vie de la famille, on mange comme lui des légumes à profusion. Je prépare ses petits pots le dimanche soir et je congèle tout pour la semaine. Ça me prend 1 h 30 le dimanche, mais après je gagne beaucoup de temps la semaine.
Voilà comment je m'organise : je fais cuire des légumes en grande quantité pour lui, et les restes, je les mets de côté pour nos repas, ainsi j'ai souvent les accompagnements de nos plats pour les 3 premiers jours de la semaine. Il est vrai que j'aime cuisiner, c'est un véritable plaisir, donc le temps passé le dimanche à préparer les repas de mon fils n'est pas une corvée pour moi.

Comme les repas de mon bébé sont prêts (je n'ai plus qu'à les réchauffer), ça me donne l'occasion de passer plus de temps à l'éveiller, à s'amuser dans le bain, à lui chanter des chansons, à lui lire des livres dont il raffole…

Une fois par mois, je fais un grand rangement dans ses affaires, vêtements mais aussi jouets (j'aimerais tellement le faire pour moi, mais j'avoue, je ne trouve pas le temps !). Je fais ce tri régulièrement pour ne pas être débordée. Je sors les cadeaux qu'il va pouvoir enfin utiliser, je vérifie si le stock de pyjamas, bodys, pantalons est suffisant, etc. Cela permet d'acheter utile, car avec un bébé, on a vite fait d'acheter au coup de cœur : « Oh c'est trop mignon ce pull ! » Oui, mais il a déjà 8 pulls ; en revanche, il a un seul pantalon. On repose le pull et on va voir les pantalons.

Les vêtements neufs jamais portés (il y en a pas mal en définitive), je les revends et place l'argent sur le compte en banque qu'on lui a ouvert à la naissance. Les autres, une fois trop petits, je les donne à une association.

Depuis que nous avons déménagé il y a quelques mois, j'ai dû m'asseoir 5 fois dans le canapé. On n'a pas encore branché les télévisions (ça ne me gêne pas, je n'en avais pas quand je vivais seule), du coup on perd moins de temps à flemmarder devant n'importe quel programme. Le soir, on écoute les infos à la radio via Alexa, notre meilleure pote d'Amazon, à qui on demande de nous montrer la chambre de notre fils (ça marche comme un écoute-bébé), de mettre de la musique dans toutes les pièces ou bien de nous proposer des quiz de culture générale… On fait ça à table, ou bien on lui demande de nous imiter les cris des différents animaux : mon fils adore ! C'est éducatif et il n'est pas exposé aux écrans. Car on ne s'en rend pas toujours compte, mais on perd beaucoup de temps à regarder nos téléphones, ordinateurs et autres tablettes.

Avec mon fils, ma vie a vraiment changé, tout est plus calculé. Je n'ai pas le temps de rêvasser. Ce livre, par exemple, j'ai dû l'écrire pendant ses siestes.

J'avoue, ce qui me manque, c'est la lecture du soir. Je suis tellement fatiguée quand je me couche que je m'endors dans la seconde… Mais ma vie de femme aujourd'hui au foyer me plaît, j'adore qu'il y ait du monde à la maison, entendre les enfants rire, les verres trinquer.

Le week-end, on reçoit beaucoup, et même si ça me donne du travail, c'est notre plaisir. Je sais que jusqu'au dimanche soir je ne vais pas beaucoup m'asseoir, mais j'adore les grandes tablées, faire la popote pour toute une ménagerie, c'est comme ça que j'ai grandi. Bref, j'ai une vie de maman on ne peut plus normale, qui doit gérer un quotidien bien rempli. Je pense que ça ira mieux quand mon fils aura une garde régulière, mais ça, c'est une autre histoire…

Optimiser son temps, c'est aussi savoir le gérer pour s'octroyer du temps plaisir. Vous aimez vous faire un resto le week-end ? Go ! Faire une sieste (en même temps que Bébé) ? Go ! Le temps qu'on prend à se faire du bien est toujours bénéfique pour tout le reste.

MA VIE *sans* BÉBÉ	MA VIE *avec* BÉBÉ
Le week-end, je me lève quand je me réveille	Je mets un réveil pour pouvoir faire des choses avant que Bébé se réveille.
Je reste des heures à discuter au téléphone avec mes potes.	J'envoie des textos à tous mes amis 1 fois par mois, enfin quand j'y pense.
Je lave mes cheveux tous les jours, sport oblige. Et je me fais des boucles quand je sors.	Je m'attache les cheveux.
Je vais au sport tous les jours.	Je vais au sport quand j'ai une garde, donc pas assez à mon goût.
J'ai toujours les ongles faits, en toute saison, mes pieds et mes mains sont toujours impeccables. C'est LA règle.	Oui, enfin, c'était ma règle…
Je lis *Elle*.	Je lis *Magic Maman*.
J'appelle ma meilleure pote pour lui raconter les potins.	J'appelle ma mère pour qu'elle m'aide pour la popote.
J'écoute du rap US.	J'écoute des berceuses pour nourrisson.
Le soir, je m'endors avec toujours un peu de vague à l'âme en pensant à ma vie.	Le soir, je m'endors avec le sourire en pensant à mon fils.
Je me sens seule parfois.	Je ne serai plus jamais seule.

Et c'est reparti
pour un tour...
RETENTION D'EAU
SCIATIQUE
BONHEUR
NAUSÉES
POIDS
MONTÉES ACIDES

Et on fait quoi après ? On recommence !

On entend souvent qu'il faut 9 mois pour faire un bébé et 9 mois pour s'en remettre. Ce qui potentiellement voudrait dire qu'il faudrait attendre 9 mois pour remettre le couvert… Et encore ! Si on a eu une césarienne, c'est plus, on préconise 18 mois, le temps que tout cicatrise bien. Dit comme ça, c'est bien, mais quand on a dépassé l'âge de 35 ans et qu'on a déjà galéré pour avoir Bébé 1, on réfléchit différemment. On se dit : « **Ok ma poulette, là, tu es fertile comme une adolescente fraîchement réglée, donc si tu veux y retourner, c'est maintenant !** » Car je l'ai vérifié plus d'une fois, mes copines qui ont galéré pour tomber enceinte la première fois (enchaînant FIV, fausses couches, traitement, etc.) et qui ont vite recommencé sont tombées enceintes naturellement et très rapidement la deuxième fois.

Attendre 3 ans entre deux enfants, c'est un luxe que l'on s'offre : on profite de Bébé, on retrouve son corps, on évite d'avoir 2 bébés à la maison (parfois 3 avec le papa), autant de raisons valables, mais moi, mon horloge biologique m'a bien fait comprendre qu'il ne fallait pas trop tarder si j'en voulais un deuxième, et comme si ce n'était pas assez clair, mon cher et tendre me le répétait chaque jour. Car nous, les femmes, on angoisse, mais ces messieurs aussi. Mon chéri, qui n'avait jusqu'alors jamais entendu parler de fausse couche autour de lui, a été plus que bouleversé par notre parcours pour devenir parents et il angoisse depuis. Et puis il a choisi une « vieille » (en tout cas plus que lui !) et il doit en payer les conséquences. Même si je fais de l'humour là-dessus, vous vous doutez bien la pression que je me suis mise.

Je dois avouer que la dernière chose qui a pesé dans la balance est ma carrière professionnelle. Malheureusement, aujourd'hui, être actrice et enceinte ne fait toujours pas bon ménage. En annonçant sa grossesse, on perd souvent sa place. Il y a bien des exceptions, me direz-vous, mais si l'on n'est pas la star du programme, du film, le personnage que l'on interprète disparaît purement et simplement ou est remplacé. Cela explique aussi pourquoi les comédiennes font des enfants de plus en plus tard pour ne pas perdre leur job, c'est tellement difficile de se faire une place… Aux États-Unis, le fait de tomber enceinte pendant un tournage est prévu et clarifié au contrat, il est un motif de rupture.

Ayant déjà vécu cela, j'ai préféré me dire que j'arrêtais ma carrière pendant 2 ans pour faire des enfants et ne pas avoir à perdre un boulot fraîchement contracté au cas où je tomberais enceinte.

Bon et puis même sans chercher de raison, c'était le bon moment pour nous, voilà tout !

Que dit mon fils de cette grossesse ? Mon fils vient avec nous quand je passe des échos pour voir sa petite sœur. Je pense que même s'il n'arrive pas à savoir ce qui se passe, il comprend qu'il y a quelque chose. D'ailleurs, il fait là-bas toujours son intéressant pour être sûr d'attirer l'attention sur lui, lui qui est si facile habituellement.
Je dis à mon fils tous les jours que je l'aime plus que tout, que je serai toujours là pour lui et que jamais je ne l'abandonnerai. Je ne sais pas si c'est pour ça, mais il n'a pas peur de la solitude. Il reste parfois 30 minutes réveillé dans son lit parce que je suis en train de prendre ma douche, mais il ne s'énerve pas.

Quand je rentre dans sa chambre, je ne manque pas de le féliciter d'avoir été sage en m'attendant. On verra comment il réagira quand je rentrerai de la maternité avec sa sœur !

2 bébés de moins d'un an et demi d'écart ??
Vous êtes fous ?!

Grossesses rapprochées... Attention danger !

On entend beaucoup de choses sur les grossesses rapprochées (moins de 6 mois d'intervalle), notamment que le second bébé aurait un faible poids à la naissance, un retard de croissance. On parle aussi d'un risque d'accouchement avant le terme...

Mais ce dont on parle moins, et qui est certain, c'est de la fatigue de la maman. La plupart du temps, le corps n'a pas eu le temps de se remettre de la première grossesse et les carences en vitamines, minéraux et oligoéléments (rappelez-vous, Bébé a pris tout ce qu'il pouvait quand il était dans votre ventre) sont alors plus importantes.

Aussi, au risque d'être raplapla, il faut redoubler de vigilance et bien manger. Donc on ne se goinfre pas de choses qu'on s'interdit d'habitude, on mise plutôt sur les vitamines. Outre l'apport en protéines, lipides et glucides, voici quelques conseils pour être en pleine santé !

Les vitamines à consommer

On le sait, enceinte, on doit privilégier les vitamines et manger particulièrement sainement. Une recommandation qu'il ne faut pas prendre à la légère, car on peut vite être sur les rotules…

Il y a 4 micronutriments prioritaires pour la femme enceinte : la vitamine B9, appelée aussi « acide folique » ; la vitamine D ; l'oligoélément fer et le minéral calcium. Ces micronutriments jouent un rôle important pour la croissance de l'embryon et du fœtus.

1. L'acide folique (ou vitamine B9)

Il est bon d'être complémentée en acide folique. On conseille même d'en prendre 3 mois avant la grossesse pour la favoriser. Mais qu'est-ce que c'est que cet acide ?

L'acide folique est particulièrement utile lorsque de nouveaux tissus doivent être formés. C'est pourquoi le fœtus en a besoin dès le premier jour. Il contribue entre autres à la formation des cellules du sang, du cerveau et du système nerveux.

Une carence en acide folique peut causer un retard de croissance, une malformation congénitale ou une anomalie du tube neural (système nerveux primitif).

En plus de la supplémentation, on trouve de l'acide folique dans nos aliments.

On mise sur :

- les légumes vert foncé (épinard, asperge, chou de Bruxelles, brocoli, laitue romaine, etc.) ;
- les légumineuses (haricot rouge, haricot de soja, pois chiches et lentille) ;
- les fruits orangés – spécialement les agrumes.

2. La vitamine D

La vitamine D agit en tandem avec le calcium (voir page 162). Elle permet d'assimiler le calcium et de le fixer sur les os. Elle participe aussi à la croissance des cellules et au fonctionnement du système immunitaire. Des taux de vitamine D adéquats durant la grossesse procurent des bienfaits sur la femme enceinte et son enfant pour toute la vie ! Bien que plusieurs aliments en contiennent ou en soient enrichis, c'est le soleil qui en est la principale source, alors n'hésitez pas à vous exposer… toujours protégée ! Il y a de fortes chances pour que vous soyez complémentée (ampoules), ce qui ne vous empêche pas de manger les aliments qui en sont riches.

On mise sur :

- le lait de vache (de 0 à 3,25 % de MG), certaines boissons de soja, certains yogourts, la margarine, le lait de chèvre et les jus d'orange enrichis en calcium ;
- le saumon, le thon rouge ou en conserve, les sardines en conserve et autres poissons ;
- le foie de bœuf ;
- le jaune d'œuf.

3. Le fer

Vous le savez, le fer se trouve dans les globules rouges du sang. Il permet notamment à ceux-ci de capter l'oxygène dans les poumons et de le transporter dans tout le corps et jusqu'au fœtus pendant la grossesse, via le placenta. Les femmes enceintes ont besoin de consommer plus de fer, car leur volume de sang augmente. De plus, elles doivent en fournir à leur futur bébé : les réserves en fer du bébé à la naissance durent pendant les 6 premiers mois de sa vie.
Une carence en fer peut causer de l'anémie et son cortège de fatigue, et un essoufflement plus rapide à l'effort. La carence peut être détectée par un test sanguin.

Attention : les femmes végétariennes et celles qui ont des grossesses rapprochées ou multiples risquent davantage de manquer de fer. Mais comme les suppléments en fer constipent, mieux vaut essayer d'avoir une alimentation riche en fer. Les aliments d'origine végétale (légumes, légumineuses, noix) contiennent aussi du fer, mais en plus petite quantité. Le corps l'absorbe aussi moins facilement que le fer d'origine animale (héminique).

On mise sur :

- les viandes rouges (bœuf, veau, agneau, gibier) ;
- la volaille (poulet, dinde) ;
- les poissons et les fruits de mer (cuits évidemment).

4. Le calcium

Pour fabriquer son squelette, le fœtus a besoin de calcium. Ce dernier sert à construire les os et les dents. Si l'alimentation de la femme enceinte n'est pas suffisamment riche en calcium, le futur bébé le puisera directement dans les réserves de la mère. Vous connaissez le dicton « Une grossesse, une dent » ? Le calcium aide aussi à maintenir une bonne tension artérielle durant la grossesse.

On mise sur :

- les produits laitiers (lait, yogourt, fromage, etc.). Si vous êtes intolérante au lait de vache, buvez chaque jour 2 tasses de boisson végétale ou de soja enrichie ;
- le tofu enrichi en calcium ;
- les légumes verts (épinard, chou vert et chou chinois, cresson, fenouil, etc.), les légumineuses (haricot blanc…). Certains fruits (orange, rhubarbe, figue et mûre par exemple) en contiennent aussi mais en moins grande quantité.

Votre médecin vous fera prendre aussi sûrement des multivitamines pour combler les manques qui pourraient se produire au cours de la grossesse. L'iode, le zinc, le fluor sont aussi nécessaires, ainsi que le magnésium.

Pour ma part, j'essaie d'avoir une alimentation riche en oméga 3, pour le bon développement de Bébé (yeux et cerveau) mais aussi pour mon moral et pour avoir une belle peau ! Car enceinte, vous l'avez sûrement remarqué, la peau est sèche, elle se détend. Alors mettez dans votre assiette des poissons gras et des bonnes huiles végétales.

Enfin, on ne le dit jamais assez, mais **buvez, buvez, buvez…** de l'eau évidemment.

Ça, c'était du côté de l'assiette, mais elle ne fait pas tout…

Quand j'ai annoncé cette seconde grossesse à mon entourage, à part les « Tu es folle ! » et des « C'était voulu ? », j'ai eu droit à beaucoup de : « Tu dois être fatiguée avec un bébé en bas âge… » Eh bien non, bizarrement ce n'est pas mon fils qui me fatigue, même si évidemment j'évite un maximum de le porter. **C'est plutôt mon corps que je sens en souffrance…**

Je suis sur le point d'achever ma seconde grossesse et j'ai dû faire 10 siestes en presque 9 mois. C'est vrai que je ne suis pas du genre à rester allongée à me reposer. Ce qui me manque n'est pas tant le sommeil que le temps de m'occuper de moi et de mon futur bébé, par exemple en me concoctant des plats vitaminés, en prenant le temps de m'étirer ou de me faire masser, ou encore d'aller faire du sport… Toutes ces choses que j'ai pu faire pendant ma première grossesse et que je vous conseille vivement si vous êtes enceinte…

Et puis le corps, ce petit malin, bien au courant de ce qui lui arrive, stocke plus vite du gras, de l'eau. Mes veines ont éclaté en varices et mes nerfs sciatique et carpien n'ont pas suivi…

Il faut savoir cela, les filles : la seconde grossesse laisse souvent plus de séquelles que la première, surtout si elles sont enchaînées.

Personnellement, j'ai eu une belle première grossesse sans gros maux jusqu'au septième mois. Après, c'était plus compliqué… Pour celle-ci, c'est nettement plus éreintant.

Mon conseil ? Chouchoutez-vous comme vous pouvez. Essayez un minimum de vous octroyer du temps pour ce que vous aimez : ça vous fera du bien à vous et du coup à Bébé aussi.

C'est nouveau ces boutons, c'est peut-être l'adolescence qui revient ?
Rêve pas, t'as aussi plein de nouvelles rides...

Un bébé pour mes 40 ans

Au-delà du danger d'avoir des grossesses rapprochées dont je viens de parler, je suis dans une **autre situation à « risque » : celle d'être enceinte à 40 ans.**

On nous le répète bien assez, il faut faire des enfants avant 35 ans. Oui, super, on est contents de le savoir, sauf qu'un bébé, ça se fait à deux. Il faut donc trouver la bonne personne (et ça c'est souvent compliqué) et ensuite qu'il ait envie d'avoir un enfant… Franchement, si c'était si simple, ça se saurait.

Le célibat est le mal du XXIe siècle et faire des enfants avant 35 ans est une pression que nous seules, les femmes, avons…

La plupart du temps, une femme qui veut des enfants mais qui n'est pas maman après 35 ans, c'est juste qu'elle n'a pas eu la chance d'en avoir, de trouver le papa…

Et puis on poursuit des études supérieures, on rentre dans la vie active plus tard, après on veut se réaliser dans son travail, gravir des échelons et on sait bien qu'un enfant ne facilite pas la tâche. Du coup, on repousse l'envie de maternité et on y pense quand on peut…

On parle beaucoup depuis quelque temps de femmes – actrices, mannequins, chanteuses – qui font des enfants tard, au-delà de 40 ans. On trouve ça cool, mais entre nous, quelles en sont les conséquences ? Et pour celles qui se font aider, est-ce bien ? Faut-il vraiment forcer la nature ?

Moi qui suis tombée enceinte naturellement et qui suis active aujourd'hui, sans problème de santé, est-ce que je le serai encore dans 15 ans, quand mes enfants seront en pleine crise d'adolescence ? Et puis **mes enfants ne vont-ils pas avoir honte d'avoir une vieille maman ?** Je serai à la retraite quand ils démarreront dans la vie et qu'ils auront besoin de moi financièrement : comment je ferai ? Est-ce que je ne leur impose pas de s'occuper de moi prématurément, alors qu'ils seront pleinement actifs et sûrement débordés ?

Toutes ces questions me taraudent, j'ai tant de doutes, mais aussi des contre-exemples par milliers…

Une maman se pose toujours un milliard de questions. Moi j'ai peur de ne pas être capable physiquement : j'aimerais faire du sport avec mes enfants, en serai-je capable ?

Quoi qu'il en soit, être maman était mon plus grand rêve. Il s'est réalisé sur le tard – je pensais être mariée et maman à 25 ans ! Mais à 25 ans, je n'aurais pas fait les mêmes choix, je n'aurais peut-être pas vécu ma grossesse comme la chose la plus importante. Aujourd'hui, ma grossesse prend toute la place, tout devient secondaire.

Je ne ressens pas de course à la carrière et n'ai pas de crainte d'abîmer mon physique, pas plus que je n'ai d'envie de sortir le soir ni de frustration de rester à la maison avec Bébé.

À 40 ans, j'ai la maturité de me dire que ce que je veux plus que tout au monde, c'est une famille.

Un bébé après 40 ans : dangereux ou pas ?

Le désir d'enfant et la fréquence des grossesses survenant après 40 ans augmentent régulièrement dans la plupart des pays, et ce malgré la baisse de fécondité dès l'âge de 35 ans.
Plusieurs facteurs de société sont incriminés : l'accès large à la contraception, la poursuite d'études supérieures, la carrière professionnelle, les mariages tardifs, les secondes unions et la possibilité d'assistance à la procréation.
Comparativement aux femmes enceintes plus jeunes, le taux d'avortements spontanés est deux fois plus important chez les patientes plus âgées ; les anomalies du caryotype fœtal sont multipliées par 10 et les malformations congénitales par 1,5.
Les pathologies médicales préexistantes sont plus fréquentes, en particulier l'hypertension artérielle et le diabète, surtout chez une multipare.
En cas de grossesse tardive, les pathologies hypertensives sont plus fréquentes, même si de façon modérée en l'absence de tabagisme ou d'excès pondéral. Le diabète gestationnel est constamment multiplié par 2 ou 3.
Les pathologies placentaires sont plus fréquentes, surtout chez les multipares.
Enfin, le mode d'accouchement est marqué par un taux de césariennes plus important et l'issue néonatale montre un taux plus élevé de prématurité et de retard de croissance.

Et le moral, on en parle ?

Quand on est enceinte, on n'a pas trop le droit de se plaindre. On a déjà la chance d'être enceinte, beaucoup de femmes voudraient l'être, donc on ne la ramène pas et pourtant, tout le monde n'aime pas l'état de grossesse.

Si certaines femmes se sentent trop bien, comme shootées par les hormones, d'autres ont le moral dans les baskets.

Il est vrai que voir changer son corps n'est pas anodin.
Moi, ce qui m'embête le plus, c'est de **ne pas pouvoir faire ce que je fais d'habitude**. Je ne parle pas d'alimentation mais de vie quotidienne, je me sens empotée dans ce corps qui prend trop de place. Et puis je n'ai pas la pêche qui me caractérise d'habitude et je ne me sens pas très bien. Évidemment, dès que je sens mon bébé bouger, j'oublie tout cela, mais il ne bouge que le soir, quand je m'allonge pour me coucher, alors le reste du temps, je me sens juste laide et inutile…
Difficile de confier cela sans avoir 100 000 personnes qui vous tombent dessus en vous disant : « De quoi tu te plains, tu es enceinte ! En plus, tu n'as pas pris beaucoup de poids » et blablabla et blablabla. Donc je ne dis rien.
Pourtant c'est le cas, j'ai du vague à l'âme, alors je mets mon mal-être de côté et j'essaie de ne penser qu'à mon bébé.

C'est vrai aussi qu'enchaîner deux grossesses donne l'impression d'être enceinte depuis 2 ans ! Je ne sais plus trop à quoi je ressemble sans avoir un locataire dans mon bidon, ce petit être d'amour…
Car oui les filles, si je n'ai pas fait de baby-blues post-partum, mon moral quand je suis enceinte est toujours un peu bas. Même si je ne le dis pas, même si je ne le montre pas, je suis du genre à m'enfermer dans les toilettes pour verser ma larme.
Je n'en parle surtout pas à mon conjoint, il trouverait cela futile et ne comprendrait pas pourquoi je veux tellement avoir des enfants alors que je n'aime pas l'état de grossesse. Il trouverait ça sûrement idiot que je me sente moche ou inutile, même si chaque jour il me vanne. Je sais qu'il ne pense pas une seconde que ça puisse m'atteindre.

Et pourtant, on donne un peu de soi quand on est femme pour créer un bébé ; ce peu, on ne le retrouvera jamais. Je regarde mes jambes qui, à cause des varices, ressemblent à une carte routière. Alors même si je sais que cela n'est pas très grave, j'ai tout de même l'angoisse de ces nouveaux complexes. Dans le même temps, je suis portée par la magie de me dire que je fabrique un bébé…

Comment j'imagine la grossesse	Comment je suis quand je suis enceinte
Heureuse et lumineuse.	Heureuse et nauséeuse.
En robe longue estivale.	Enceinte en hiver, la robe à fleurs ne va pas trop avec la doudoune (enfin sauf pour faire la manche aux feux rouges).
Avec des beaux cheveux.	Avec des cheveux blancs (colo interdite pendant la grossesse).
Avec une belle peau.	Avec des boutons et plus de rides.
Souriante.	Souriante mais avec une gingivite dentaire.
Avec un gros bidon et des jambes fines.	Avec un gros bidon et des varices.
Pleine de grâce.	Pleine de graisse (salut à toi, copine cellulite !)
Encore plus amoureuse de mon homme.	Encore plus amoureuse de lui que ce que je pouvais imaginer.

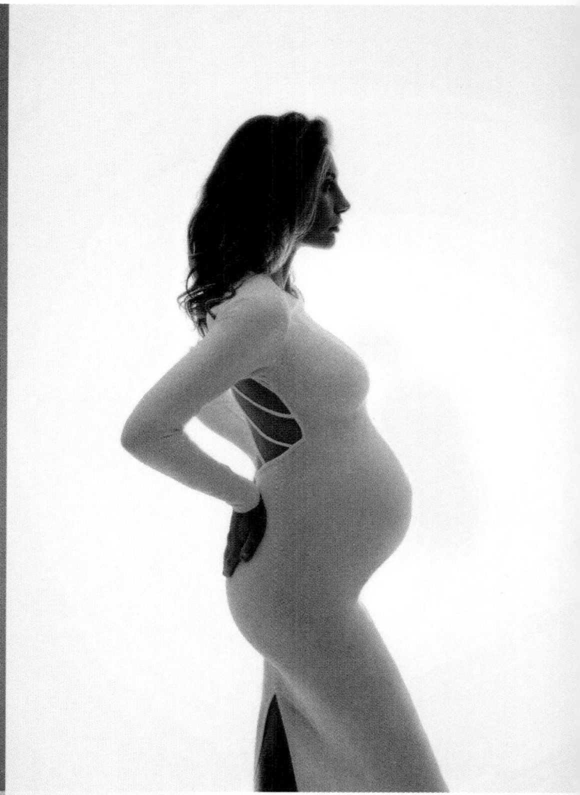

Immortaliser ces moments : ma grossesse en photos

Aujourd'hui, on prend tout en photo, son assiette au resto comme sa place de parking pour se souvenir du numéro. Mais étrangement, on immortalise encore trop peu sa grossesse.
Peut-être parce qu'on se sent parfois mal dans sa peau et qu'en début de grossesse, on cherche plutôt à la cacher, et qu'en fin de grossesse, c'est nous qu'on veut éviter de montrer.

Et pourtant…

La grossesse est vraiment un moment à part, où l'on se sent différente. **Pour ma première grossesse**, j'ai fait quelques photos, mais j'ai regretté de ne pas en avoir fait plus. Je me suis moi-même prise en photo, avec le même look que d'habitude, c'est-à-dire en jeans, tee-shirt et baskets, parfois même pas de grossesse, juste une taille au-dessus.

Pour ma seconde grossesse, j'ai rencontré une photographe qui m'a persuadée de faire des photos de moi enceinte, montrant tout le glamour et la volupté d'un corps qui porte la vie.

Moi qui cherche toujours à être nature, simple et pas trop sexy (je le suis déjà malgré moi et ce n'est pas quelque chose qui me plaît), je dois dire avec le recul que je suis heureuse d'avoir fait ces clichés. Ça fait un super joli souvenir !

D'ailleurs, pour les faire-part, on prend souvent Bébé en photo dans ses 15 premiers jours de vie, souvent à la maternité. Je n'ai pas souhaité être sur ces photos, je me sentais vraiment trop fatiguée, mon visage tiré semblait triste et ne reflétait pas à mon goût le bonheur que je ressentais. Du coup je n'ai qu'une photo, et encore, parce que mon conjoint m'y a un peu forcée.

Les faire-part, ou comment faire du travail à la chaîne avec des enveloppes, des cartes et des timbres.

Aujourd'hui, je le regrette, car ces moments sont vraiment magiques et c'est tout aussi magique de pouvoir les regarder quand l'envie s'en fait sentir…

Bien sûr, une séance photo est un vrai budget, mais si vous devez vous faire plaisir sur quelque chose, croyez-moi, c'est bien là-dessus : autant vous ne vous souviendrez plus d'un massage spécial grossesse ou d'un super jean qui vous a accompagnée durant toute votre grossesse, autant vous pourrez garder près de vous et regarder les belles photos de vous enceinte, ou de vous et de votre bébé.

Alors, même si vous détestez les photos, même si vous trouvez que c'est superficiel de vous faire tirer le portrait, je vous assure que les photos de mon bébé à la naissance et celles où il était dans mon bidon font partie des choses qui ont le plus d'importance pour moi. À tel point que c'est sûrement ce que j'emmènerais sur une île déserte… Avouez, on a toutes un jour imaginé les 3 ou 5 choses dont on ne pourrait pas se passer !

En parlant de faire-part, quand s'en occuper ?

Ne faites pas comme moi, anticipez ! Si vous comptez en envoyer, essayez de les choisir ou de les préparer avant d'accoucher (si vous pouvez évidemment, que vous avez le temps, et cela sous-entend que vous connaissez le sexe de votre bébé, son prénom…). On pense, à tort, avoir du temps une fois Bébé arrivé, mais en réalité, on n'en a pas du tout ! Du coup, on repousse beaucoup l'envoi des faire-part. Et c'est ainsi qu'on se retrouve à annoncer la naissance quand Bébé a 6 mois…

Être mère, c'est se réconcilier avec soi-même

Pendant des années, je pestais contre le fait d'être une femme.

J'ai été formée très jeune, vers 11 ans. J'ai grandi très vite, très tôt. Pourtant, du haut de mon mètre 77, je n'étais encore qu'une enfant. Une enfant, affublée malgré elle d'une poitrine imposante et d'un fessier rebondi. Une enfant enfermée dans une armure de sensualité…

Étant donné mon physique, mes parents pensaient que je n'avais pas besoin d'explication sur la sexualité ou tout ce qui était en rapport avec la puberté.

J'ai été réglée à 11 ans sans savoir ce que j'avais, je croyais que j'étais malade. Je n'ai pas osé demander à ma mère pourquoi elle me donnait les sacs de couchage de mes petits poneys pour les mettre dans ma culotte (avouez qu'une serviette hygiénique ressemble à un duvet pour Barbie ou petit poney). C'est ma grande sœur qui m'a tout expliqué quand bien plus tard, je lui ai demandé si les bébés sortaient du nombril… Sans dialogue, on ne sait rien, et dans ma famille, le dialogue ce n'était pas vraiment notre fort.

Je détestais ce corps trop voluptueux, qui m'attirait le regard des garçons, même des plus grands, même des copains de mon papa…
J'ai arrêté de m'alimenter vers 13 ans pour faire de l'anorexie sévère. Je voulais juste perdre mes formes et retrouver mon corps d'enfant. J'ai été suivie par un psy, j'ai été hospitalisée. Le problème, c'est que je n'assumais pas du tout ce corps. Et puis un jour, j'ai fini par craquer, j'ai remangé, je suis même devenue boulimique et les formes sont revenues…

J'ai passé ma vie à vouloir être une autre, une jeune fille frêle, mignonne, toujours jolie, pas une grande femme plantureuse et sexy. Mon corps ne correspondait en rien à ce que je voulais.
Le pire, c'est que la société utilise ce décalage. Je m'explique. J'ai commencé la télé à 21 ans. Les fringues qu'on m'attribuait étaient trop sexy, le maquillage bien trop prononcé. Quant aux émissions qu'on me proposait alors, elles étaient loin de ce que je voulais. Oh, rien de honteux, mais j'aurais préféré être autre chose que la blonde de service à forte poitrine. Malheureusement, on n'a pas toujours le luxe de choisir, de dire non à tout. Il n'y a évidemment pas de honte à présenter la météo, mais j'aurais été bien plus à l'aise dans une émission de cuisine ou de sport, par exemple.

À 30 ans, j'ai arrêté l'animation après m'être battue pendant des années pour faire des programmes décalés. Puisqu'on ne me proposait pas ce que je voulais, j'ai décidé de mettre ma patte à toutes les émissions que je présentais : j'écrivais mes propres textes et j'essayais d'en faire un programme rigolo. **Pour qu'on m'écoute plus qu'on me regarde…**

Mais voyant que je n'arrivais toujours pas à être heureuse et épanouie, j'ai arrêté pour ne faire plus que de la fiction. Quitte à jouer un rôle, autant en jouer plein et pas forcément celui de la blonde sexy de la télé… Moi qui arrivais sur les plateaux en jogging.

Malheureusement, en fiction, les esprits ne sont pas beaucoup plus évolués et on me proposait toujours des rôles de jolie fille, de prof de sport ou de bimbo. Heureusement que j'avais créé mon one-woman-show sur la mythologie grecque, où je me racontais… Les gens étaient toujours très surpris de découvrir qui j'étais vraiment.

J'ai l'impression d'avoir passé toute ma vie à dire « Je suis comme ça et pas comme ça ». En vrai, je suis sportive et simple. Cette robe et ces talons que je porte sont pour le rôle, j'écris ceci ou cela, je ne suis pas juste celle qui dit le texte, j'en suis aussi l'auteure… C'est tellement fatigant de devoir se justifier – non je ne suis pas idiote, je sais écrire, non je ne suis pas comme vous l'imaginez, je suis plutôt comme ça…

D'un coup, quand je suis devenue maman, mon statut a changé, le regard des gens s'est transformé.
Une maman a ce quelque chose de pur, de plus sérieux, une maman n'est plus bimbo ni écervelée, elle est maman.
Du jour au lendemain, on l'écoute plus qu'on l'épie. J'ai vraiment constaté cette modification de comportement à mon égard et je trouve ça un peu dommage de devoir attendre d'être maman pour être enfin prise au sérieux… D'autant plus qu'il y a bien une certitude, c'est que si une femme devient maman, c'est bien qu'elle a « fauté » à un moment donné… Peu importe ce que les gens pensent ou disent, enfin, grâce à ce lieu commun qui sacralise la mère, **je suis aujourd'hui heureuse, en paix avec moi et mon corps**.

J'aime mes rides, j'aime vieillir, j'aime ne plus recevoir de message salace, j'aime me dire que je ne fais plus fantasmer autant qu'avant, j'aime savoir qu'aujourd'hui ce sont majoritairement des femmes qui me suivent sur les réseaux, qui me lisent… Et quand elles me disent que je suis jolie sans make-up et en jogging, elles le pensent vraiment, elles voient bien qu'on est juste pareilles, des femmes…

Et puis être maman m'a permis de prendre de la distance sur tout.
La seule chose qui m'importe aujourd'hui, c'est mon fils, et bientôt ma fille. Est-ce que mes enfants sont heureux ? Suis-je une bonne mère ? Je veux tellement qu'ils soient épanouis et si je peux aussi les rendre fiers, tant mieux. Petite fille, j'étais si fière de ma maman : c'est elle qui confectionnait le plus beau des gâteaux pour la fête de l'école, et pour mes anniversaires elle préparait des super chasses au trésor. Ma maman est agricultrice, elle n'est ni star ni célèbre, mais je la regarde toujours avec beaucoup d'admiration. Elle a été une maman dévouée à sa famille, alors j'espère perpétuer la tradition en ajoutant ma petite touche : parler plus à mes enfants, car je pense que la communication est la solution à tout.

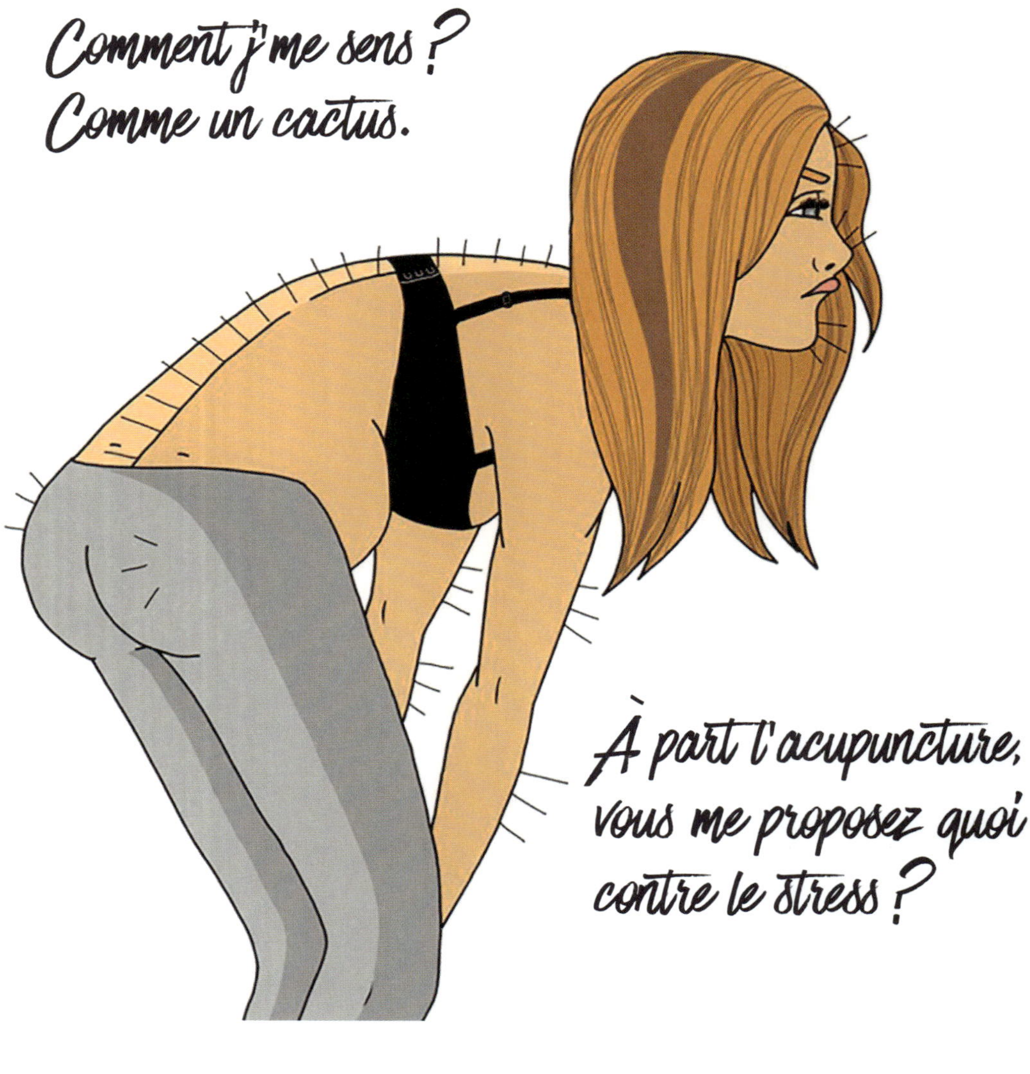
Comment j'me sens ? Comme un cactus.
À part l'acupuncture, vous me proposez quoi contre le stress ?

Serais-je en train de paniquer ?

Alors que je termine la rédaction de ce livre, **l'arrivée de ma fille approche à très grands pas et je suis complètement paniquée**. Je dors extrêmement mal la nuit, j'ai du mal à me reposer. Mais comment je vais faire avec deux bébés ? Je n'ai déjà pas de temps avec un… Je n'ai pas ma famille près de moi, pas de place en crèche, et puis mon fils ne va-t-il pas se sentir délaissé à l'arrivée de sa petite sœur qui requerrera la plupart de mon temps ? Qui va prendre le bain en premier ? Et je vais faire quoi de l'autre pendant ce temps ?

Toutes ces questions tournent en boucle dans ma tête, je suis vraiment anxieuse, aussi mon sommeil en prend un coup.

J'ai évidemment des raisons d'être paniquée, devenir maman fait toujours un peu peur. Est-ce qu'on sera, Fulgence et moi, à la hauteur ? On se demande toujours comment cela va se passer avec ce petit être que l'on ne connaît pas encore…

Mais pour cette seconde grossesse, ce ne sont pas tant ces questions qui me troublent que : **vais-je être capable de gérer mes deux enfants sans en délaisser un ?** Je sais que ça ne va pas être facile tous les jours… Je sais aussi qu'en fin de grossesse on enchaîne les cauchemars, les doutes et les insomnies, donc mon inquiétude s'explique.

Les cauchemars en fin de grossesse

Les cauchemars des futures mères sont l'expression inconsciente d'une peur bien spécifique : la peur de l'inconnu. Les rêves et les cauchemars peuvent en dire beaucoup à propos des inquiétudes de la femme sur la manière dont elle appréhende la grossesse et son futur rôle de maman. Ils ont pour la plupart les mêmes thèmes : peur d'un d'accouchement difficile, peur de complications imprévues de grossesse, voire d'une mort prénatale, peur de la douleur, peur que le bébé souffre, peur de ne pas retrouver son corps d'avant la grossesse.
On retrouve aussi des peurs liées à l'après-naissance : peur de ne pas être à la hauteur dans son rôle de maman (« Quelle mère vais-je être ? »), peur que l'arrivée d'un bébé engendre des difficultés de couple.
Les rêves évoluent au fur et à mesure du déroulement de la grossesse.

- Premier trimestre : la joie d'être enceinte et le bonheur à venir prédominent.
- Deuxième trimestre : la maman commence à se projeter dans son futur rôle. Les cauchemars causés par la peur de l'inconnu commencent (le bébé est en danger, malformé, etc.). Le deuxième trimestre est aussi la période où la femme enceinte traverse une crise existentielle. Elle cesse d'être la « fille de sa mère » pour devenir mère à son tour. Dès lors, tout ce qui a potentiellement été refoulé remonte à la surface par l'expression des rêves.
- Troisième trimestre : lors des 3 derniers mois de grossesse, les cauchemars ont tendance à s'intensifier et peuvent parfois même être violents (démembrement, perte d'une partie de soi, accouchement sanglant, etc.). Ces rêves expriment souvent l'inquiétude de la séparation d'avec le bébé.

On peut dire que j'ai toujours été sujette aux cauchemars, mais pour ma première grossesse, ils étaient spécialement sanglants. Je sais que c'est « classique », donc j'arrive à m'en détacher, mais malgré tout, ils me fatiguent beaucoup car je dors peu. Or c'est à ce moment de la grossesse qu'il faudrait se reposer au maximum, car la fatigue est très importante. C'est aussi ça qui me stresse : accoucher en étant complètement crevée et avoir encore plus de mal à m'en remettre. Car on le sait, les premières semaines de vie de Bébé, on ne dort… PAS DU TOUT !

Après, il est vrai que mon fils pourrait être une publicité vivante pour la maternité, tant il est facile, souriant, gentil, drôle. Il a fait ses nuits rapidement et fait encore de bonnes siestes. Il marche depuis ses 9 mois donc je n'ai pas à le porter constamment.

Mais qu'en sera-t-il de ma fille ? On dit souvent que les deuxièmes sont difficiles. Une chose est sûre, ma fille se manifeste déjà beaucoup plus que son frère. Elle bouge énormément, elle me fait d'ailleurs souvent mal avec ses coups dans les côtes et elle rend ma fin de grossesse exténuante… Je me dis que c'est sans doute pour dire qu'elle est là. En effet, on lui porte beaucoup moins d'attention qu'à son frère lors de ma première grossesse, juste par manque de temps…

De toute façon, en toute objectivité, mes craintes sont justifiées : avoir deux bébés en même temps à la maison, c'est compliqué. J'ai bien conscience qu'on risque d'en baver pour au moins 3 ans…

Alors voilà comment j'envisage les choses.

Les premiers mois, je vais avoir une nounou à domicile, même si j'y serai, afin que mon fils ne se sente pas délaissé pendant que je m'occupe de sa sœur. Je n'ai en effet pas eu de place en crèche pour lui, ce qui aurait facilité les choses, mais bon, c'est comme ça.

J'espère pouvoir allaiter quelques mois, donc je sais que je serai souvent collée à ma fille.

Pour ce qui est du bain, mon fils prendra son bain le matin avec la nounou ou le soir avec son papa, ce qui me permettra de baigner sa sœur le soir avant la « dernière tétée » – on sait que le bain permet la détente avant la nuit.

Je redoute que mon fils, qui fait ses nuits correctement depuis un bon bout de temps, soit perturbé par l'arrivée de sa sœur, alors je vais essayer de maintenir le rituel de l'histoire avant le coucher et surtout, je ne veux pas qu'il voie que je dors avec sa sœur. Nous n'avons pas fait de cododo avec mon fils, je ne le ferai pas non plus avec sa sœur. En revanche, comme pour lui, j'irai dormir avec elle au début (enfin dans un canapé à côté de son lit) pour faciliter les tétées de nuit.

Ma plus grande crainte, c'est que mon fils soit jaloux. Il n'est pas assez grand pour se rendre compte de ma grossesse et de ce qu'elle implique. Il est le petit prince à la maison, l'arrivée d'un nouveau bébé risque de le chambouler. Je ferai donc tout pour que ses habitudes ne soient pas modifiées, bien que je risque de consacrer plus de temps à la nouvelle venue… D'ailleurs, elle aussi, il faut que je lui fasse comprendre que je suis là et qu'il ne peut rien lui arriver, c'est important qu'un bébé soit en confiance pour faire ses nuits.

En septembre 2019, ma fille aura 4 mois. Je les ai inscrits, elle et son frère, à la crèche, c'est très tôt mais c'est pour avoir ma place, même si je pense que je ne la mettrai pas avant qu'elle ait 6 mois.

Toute cette organisation, ça me donne le vertige ! Peut-être que cela ne se passera pas comme je l'ai pensé. Et puis les choses se feront naturellement avec le temps. Enfin, une chose est sûre, je n'aurai pas beaucoup de temps pour moi. Mais mes enfants sont tout pour moi, donc quelque part, en leur faisant du bien, je m'en fais aussi !

MADE
WITH
LOVE

Faites-vous confiance…

Pour finir, je voudrais vous donner ce qui est pour moi le meilleur des conseils : faites-vous confiance.

Quand on devient maman, on est souvent envahie par le doute, avant même que Bébé soit là et encore plus lorsqu'il est né. En effet, notre société nous forme à tout. On a des coachs de sport, des coachs de vie, des coachs de séduction, des coachs pour devenir coach… On a pléthore de livres sur le sujet aussi. Mais vous aurez beau être coachée, lire tous les livres, une fois dans l'action, **vous vous demanderez toujours si vous faites bien.**

Écoutez-vous… On a toutes une petite voix intérieure qui nous aide à faire nos choix, c'est elle que vous devez écouter, pas les conseils de Pierre, Paul ou Jacques (ou plutôt Maman, ma copine, la fille enceinte en même temps que moi, la nounou qui connaît tout…). **En devenant maman, on développe un sixième sens, on SAIT ce qui est bien ou non pour notre petit. Alors n'ayez pas peur de ne pas suivre les conseils.**

Ma maman m'a ainsi sauvée d'une méningite foudroyante alors que j'avais 18 mois. Je me suis réveillée avec plus de 40 °C de fièvre, ce qui m'était déjà arrivé mais cette fois, ma maman a décidé de m'emmener directement aux urgences plutôt que de me donner du Doliprane et attendre que cela passe… Pourquoi ? Parce que cette fois-là, elle avait senti quelque chose, sans savoir quoi. Si elle avait attendu 1 heure de plus à la maison, je ne serais pas là 39 ans après pour vous en parler.

Alors oui, parfois on est une maman excessive, parfois on se trompe, mais on doit toujours s'écouter : notre bébé est une partie de nous et son papa, et nous sommes parfois les seules personnes à comprendre ce qu'il se passe….

Alors go les filles, n'ayez pas peur d'écouter votre instinct, vous êtes ou vous serez les meilleures des mamans !

Épilogue

À l'heure où vous tenez ce livre entre vos mains, je suis sûrement maman pour la seconde fois.

Maman d'une petite princesse… Moi qui avais tellement peur d'avoir une fille, je suis certaine que j'en suis gaga. Moi qui n'aimais pas particulièrement allaiter, je suis sûre que j'y trouve du plaisir. Moi qui n'aimais pas vraiment être enceinte, je suis persuadée que je regrette mon bidon gonflé.

Après une grossesse, on se découvre différemment. Devenir maman est un véritable chamboulement dans la vie d'une femme, et deux grossesses ne se ressemblent pas. Alors je pense que mon ressenti sera encore différent après toi…

Toi, ma fille chérie. J'espère que tu es en bonne santé, j'espère que l'accouchement ne fut pas trop compliqué, j'espère que ton papa était là pour y assister, il est tellement investi dans son rôle de père, il ne voudrait louper ton arrivée pour rien au monde… Alors j'espère que tu n'es pas arrivée plus tôt que prévu, pendant un déplacement de papa, par exemple…

À l'heure où vous lisez ce livre, j'ai 40 ans… On dit parfois qu'on est à la moitié de sa vie. Ça, je ne peux pas le savoir, mais une chose est certaine, j'adore cette moitié…

J'adore être maman, voir grandir mes enfants, j'adore apprendre chaque jour sur eux, sur moi… J'adore me dire que j'ai un rôle primordial dans la vie de quelqu'un, je vais vous couvrir d'amour mes enfants ! Je vais essayer de donner le meilleur de moi-même et sachez, une fois encore mes amours, que je serai toujours là, quoi qu'il se passe pour vous et pour votre papa…

Je vous aime,

Maman (j'ai toujours rêvé de signer cela)

Remerciements

Je remercie ma super gynéco, le Dr Dominique Sina Puche, de m'avoir soutenue pour la grossesse de mon fils et d'avoir apporté la touche médicale à ce livre, ainsi que mes super sages-femmes Emmanuelle Reyser et Anne-Laure Chailloux.

Table des matières